いかもの喰い

犬・土・人の食と信仰

山田仁史

亜紀書房

いかもの喰い　犬・土・人の食と信仰　もくじ

第一章　食をめぐる信仰世界　〇〇五

第二章　犬肉食とそのタブー　〇三三

第一章

食をめぐる信仰世界

いかものの旅へようこそ

人の喰わないものを喰う、それが「いかもの喰い」である。私にはどうも、そんな傾向がある。別に、珍肴・奇食が好きなわけではない。むしろ今のは物のたとえだ。要は、人とちがったところに目が向くのである。

食文化についてもそうである。ゲテモノというと、昆虫やら発酵食品についての研究は数多いし、関係する書物もたくさんある。しかし本書であえて取り上げるのは、三つの「いかもの」——犬を喰う、土を喰う、人を喰う、というテーマである。前二者についての研究は、とくに日本では非常に少ない[1]。最後のカニバリズムに関しては、研究自体は多いのだが、議論が錯綜して全体像が見えにくい。こうした領域にふみこんで、人間のおもしろさ、おかしさ、奥深さを再認識しよう、というのが本書の趣旨だ。

ただし、主餐だけでは物足りない。そこで前後に少しばかり、学問的な枠組みを用意した。食前には人類の食をめぐる信仰世界について概観し、デザートとしてはやや重いかもしれないが、世界宗教における食の問題を最後にあつかってみる。つまり、ヒトの食の根源的な部分と、高度に規範化された食との両者によって、「いかもの」部分をサンドイッチしたのが本書である。よって本章を飛ばし、第二・三・四章の好きなところから旅を始めてくださってかまわない。

民族学と食の信仰

私の専門は民族学、ことに宗教民族学である。民族学が伝統的に対象としてきた社会は、無文字社会や少数民族社会が多い。そこには大宗教が入っている場合も少なくないとはいえ、素朴な民間信仰のレベルでは、厳格な教義は存在せず、「宗教」組織の形態もさまざまである。よって、大宗教・組織宗教における食とは、別のアプローチが必要となる。それを試みるのが本章だ。大宗教・組織宗教については第五章を読まれたい。

本章では、宗教民族学の立場から、当該社会の生業形態を重視する。それは大きく分けて三つ、すなわち狩猟採集、牧畜、農耕である。それぞれの生業に応じて、異なる世界観、異なる飲食観念が形成されてきたが、共通する点もいろいろある。そうした異質性と共通性を見てゆくことにしたい。根拠とした資料は、さまざまな民族誌の記述、私自身の調査や観察、留学生や知人からの聞書などである。[2]

食物の起源神話

アジア・環太平洋各地の農耕社会では、作物の起源神話が語られてきた。それらは大きく二つのタイプに分けられる。[3]

第一に、太古の人間や神的存在、ことに女性の体から作物が発生したと語るもので、東インドネシア・セラム島の神話のヒロインにちなんでハイヌヴェレ型と呼ばれる。これは、殺されてバラバラに切断された少女ハイヌヴェレの身体の各部から、各種のイモが出現したという話である。彼女の胃は大鍋に変じ、肺は紫のイモに、乳房は乳房形のイモに、両目は眼の形の新芽が出るイモに、恥部は濃紫で匂いと味のよいイモに、尻は乾いた皮をもつイモに、耳は耳介のように上へ伸びるイモに、また脚と腿と頭もそれぞれ別のイモになった。そして以来、人々はこれらを主食として生きるようになった、という。[4]

日本神話のオホゲツヒメ（古事記）やウケモチノカミ（日本書紀）もこのタイプである。すなわち殺されたオホゲツヒメの身体からは、「頭に蚕生り、二つの目に稲種生り、二つの耳に粟生り、鼻に小豆生り、陰に麦生り、尻に大豆生りき」。また、殺されたウケモチノカミの身体からは、「頂に牛馬なり、顱の上に粟生り、眉の上に繭生り、眼の中に稗生り、腹の中に稲生り、陰に麦と大豆・小豆と生りてあり」と、作物や蚕・牛馬などが発生したのだった。

太平洋各地では人間の頭部からココヤシの実が生じたという話が多く、これは形状の類似にもとづくものだろう。ハイヌヴェレの神話では、殺された少女の身体はいったんバラバラに切断されて地中に埋められ、その各部がさまざまな種類のイモに変じたという。これはイモの栄養繁殖の仕方をモデルとした観念だと考えられる。類話の分布はアメリカ大陸にも及んでおり、北米ではトウモロコシの起源が語られることが多い。コーン・マザーが自分の身体を畑で引きずり、焼くように告げるのは焼畑農耕からの発想と思われる。

第二は、天上や地下、遠方の島などから主に穀物の種を盗んできたというもので、ギリシャ神話でゼウスのもとから火を盗んだ英雄の名から、プロメテウス型と称される。こちらも台湾原住民を含め東南アジア島嶼部に広く知られており、性器などに隠して種を運んだというストーリーが多い。日本では弘法大師の麦盗みという伝説がこれに近く、唐から麦の種を盗む際、自ら脚に切り傷をつけ、その中に麦種を隠し持ってきたという。[5]

食物の起源と火の起源

おもしろいことに、これら二つのタイプは、火の起源についても語られることが多い。[6]

火と作物は料理という媒介項によって食物に変ずるから、ここでは同一の世界観が異なる対象について表明されているものと想定される。[7]

興味深い分布を示すのは、昆虫が火の起こし方を盗み知って人間に教えたという伝承であり、日本の南西諸島から東南アジア大陸部・島嶼部にかけて点々と知られている。

中央セレベスのトラジャ族ではタムブーヤという昆虫が、目隠しをされながらも、「肩の下にあるもう一対の目」で、神々の火打石による発火法を盗み知った(クロイト)。同島の他のトラジャ族では、この昆虫はダリと呼ばれる一種のアブらしい(クロイト)。またシャムのタイ族にも、アブは天帝をあざむき、羽のつけ根にある目で火起こしの方法を知り、持ち帰ったという(ブルレー)。

日本の南西諸島の例は次のようなものである。

まず、多良間島(東に宮古、西に石垣に挟まれた島)から、故遠藤庄治氏(沖縄国際大学)が中心になって採集した民話集には、「火の起源」としてこんな話がある。昔、人間がまだ火の起こし方を知らなかった頃、バッタといっしょにマズムヌ(「おばけ」)のところへ遊びに行った。マズムヌは人間とバッタに目隠しをさせたが、バッタは通常考えられている場所でないところに目を持っているので、それでマズムヌの発火法を盗み見て、人間に教えたという。[8]

また、奄美の与論島の話では、むかしミロクのホトケとシャカのホトケが、世の中を奪う争いを起こし、シャカが勝ってシャカの世になった。ミロクはすべての者に目を閉じさせて「火の種子」をかくし、竜宮に去った。その後、火がまったくなくなったので、シャカのホトケはたいへん困りきっていた。ところがバッタが進み出て、自分は羽根で目をおおっていたが、目は本当は下腋にあり、それでミロクのホトケが、石と木に火の種子をかくすのを見た、と教えた。こうしてシャカのホトケは、木と木をもみ合わせたり、石と石を打ち合わせて、火種子をとることができた、とされている[9]。

類話は、沖縄本島中頭郡津堅島や竹富島からも知られ[10]、この分布はおそらく伝播によるものであろう。

破壊される骨

北方の狩猟採集民においては、動物が骨から再生しうるという観念が広く見られ、そのため食事に際しては骨の扱いに注意が払われた。興味深いのは、二つのまったく相反する扱いが見出されたことである。それは、かたや骨を完全に破壊ないし廃棄するのに、他方はそれを完全に保存しようと努めたのである[11]。

たとえば前者の例として東シベリアのチュクチ人は、雁の羽さえ燃やすか水中に投げるかした。この作法は非常に重視されていたので、木材が不足したときは肉を生で食べ、その分節約できた木材で骨を焼いた。

一八七〇年、コルイマ川河口付近の熊島(Bäreninsel)などを調査した、エストニア出身の天文学者カール・フォン・ノイマン(一八三九―八七)によると、チュクチ人は出発のたびに、肉をかじり落とした骨をすべて、丁寧により分けて燃やした。木材が不足したときは、燃料を節約するために肉を生で食べた。しかしその理由をノイマンが尋ねても、「そんなこと分かるもんかね。祖先たちがやってきたことだ、彼らなら何故か知っていたろうがな」という答えしか返ってこなかった。またチュクチの女性たちは、別の「迷信」に固執していた。それは、トナカイの肉と鳥の肉を決して同じ鍋に入れないのだ。そして雁については、羽を燃やすか水中に投げるかするよう、よく気をつけていた。「そうしないと、鳥は以前の自由を思い出して、ずらかっちまうよ」というのがその理由だった。[12]

こうした風習の理由として、カナダや南カロライナのネイティヴ・アメリカンは、「そうしないと猟獣が土地からいなくなってしまう、なぜなら破壊されない骨からは新しい動物が形成され、それが仲間に警告するからだ」と説明した。

例として英国の探検家ジョン・ローソン(一六七四?―一七一一)は、一七〇〇年に植民地カロライナを探検し、一七〇九年にその記録をロンドンで出版した。すぐに大評判となったこの本は、ドイツ語・フランス語にも翻訳され、重版を続けた。その中で彼は次のように述べている。この辺りのインディアンは皆、食べた肉の骨を慎重に保存し、それを焼く。彼らの見解では、もしこの慣習を怠ったなら、猟獣はその土地を去ってしまい、狩猟で生活できなくなるというのだった。[13]

またフランスの宣教師ガブリエル・サガール（一五九〇頃―一六四〇頃）は一六二三―二四年、カナダのフランス植民地で布教と民族誌記述を行なった。その『ヒューロン族の土地の大旅行』には、次のように記されている。彼ら（ヒューロン族）はとりわけ、魚のいかなる骨も火に投じないよう気をつけており、私（サガール）がそれをしたところ、きつく叱責し、即座にそれを取り出してこう言った。私のしたことはよくない。私のせいで、彼らはもう何も捕れなくなるだろう。なぜなら、骨にはある精霊、すなわち魚の精霊がいて、それを火で焼いてしまったから、精霊は他の魚たちに、捕られないよう警告するだろう、骨を焼いてしまったのだから。彼らは鹿、ヘラジカなど他の動物の狩猟についても同じ迷信を有しており、もし獣脂を火中に落としてしまったり、どこかの骨が火中に投げられたりしたら、もう獲れなくなると信じている。[14] なお、今の事例をハーバーラントは「破壊する」例として挙げているが、むしろ破壊しないケースのように思われる。

大切にされる骨

正反対の扱いとしてハーバーラントが挙げているのは、スカンジナビア半島北部のサーミ人のものである。オオライチョウの頭部・足・羽を供犠し、神がそこから新たな猟鳥を作ってくれるように祈った。またサーミ人は供犠獣のたいていは骨だけ、あるいはせいぜい小さな肉片を神々に、ないし地下の諸霊に捧げれば、この諸霊が動物たちにまた肉を着せてくれる、と語った。

たとえばスウェーデンの司祭ペール・ヘークストレーム（一七一四―八四）によれば、ある「信用できる植民者」が次の場面を見た。一人のラップ（サーミ）人が、一羽のオオライチョウの頭部、脚部、羽根をある有名な石の上に捧げた。なぜそんなことをするのかという彼の問いに対して、ラップ人は、そこからは新たな鳥たちが生じて、それを撃つことができるのだ、と答えた[15]。

またドイツの地理学者・化学者・植物学者のヨハン・ゴットリープ・ゲオルギ（一七二九―一八〇二）がまとめた『ロシア帝国の全民族』によると、ラップ（サーミ）人は病気やトナカイの伝染病、夫婦の不妊などさまざまな場合に供犠をした。「呪術師」（シャマン）が、どの神に供犠をすればよいか告げたが、その際、ときには卵形の太鼓を用い、脱魂に陥って諸霊の言葉を聞くこともあった。供犠をする者はまず身を浄め、要求された動物の骨か角を持ち、犬橇で話をせずに「聖地」へ向かった。それが見えると、下りて這っていき、台の上に供犠物を置いて祈りを捧げ、帰宅した。供犠物は大抵そのまま置かれているので、骨や角の大きな山ができる。しかし、それらを埋める者もいる。それはおそらく、地下の神々に向けたものであろう。彼らは肉を供犠することはない。なぜなら彼らは、神々が骨に肉を着せてくれると考えているからだ。ときに彼らは供犠獣の血を川に流したり、乳や火酒を大地にこぼして捧げるが、それは大地や河川の神々を喜ばせるためである[16]。

ほかにフィンランドの民俗学者・言語学者クリストフリッド・ガナンデル（Ganander, Kristfrid, 一七四一―九〇）が一七八九年にまとめた『フィン人の神話』によると、ラップ（サーミ）人はヤブミアッカ（Jabmiakka）という神やその配下にあるヤブメクに供犠するだけでなく、ヤブメ・アイモという聖地にいるヤミ・キアツェという精霊にも供犠をする。それらは地下の諸霊であり、ラップ人は供犠壇から取った最もすばらしい部位から、骨と小片をいくらか供犠する。すると神々とヤミ・キアツェはそれらから新しい動物をこしらえ、骨に肉をつけてくれると、ラップ人は言う[17]。

骨からの再生とトールの神話

これは、骨格は生命の担い手であり、それが完全に存在していれば、新たな肉がそれに付いて、死んだ獣は再生するか、同類の他の個体として生じるという信仰に基づいている。北欧神話『スノリのエッダ』の「ギュルヴィたぶらかし」(一三世紀)四四章において、トール神が泊まった農家で山羊を屠ったが、その骨を慎重に扱わなかったために一頭だけ後脚を引きずっていた、というエピソードも同様の観念にもとづくことは、かねてから論じられている。それは次の場面だ。

車のトールが山羊にひかせた車にのり、ロキという名のアース神も同乗していた。彼らは晩方、ある百姓のところにきて、宿をとった。そしてその夜、トールは山羊をつかまえて二頭とも殺した。それから皮を剥いで鍋のところまで運び、料理ができあがると、連れの者といっしょに夕食の席についた。トールは、百姓とその妻子を食事にさそった。百姓の息子の名はスィアールヴィといい、娘の名はレスクヴァといった。それから、トールは山羊の皮を火のそばにひろげ、百姓とその家族に、骨を山羊皮の上に投げるようにといった。百姓の息子スィアールヴィは山羊の腿の骨をナイフで切り裂き、髄までこじあけた。トールはその夜そこに泊った。そして翌朝まだ明けやらぬうちに起き、衣服をつけ、槌ミョルニルを手にとって振り上げ、山羊皮を浄めた。すると、山羊たちは立ち上ったが、一頭は後脚がびっこだった。トールは、そのことに気づき、百姓か家の者が、山羊の骨を慎重に扱わなかったな、腿の骨が折れているぞ、といった。[18]

この「髄までこじあけた」というのは、髄を食べたことを表現したものかもしれない。

酒食はまず祖先や神霊へ

生業形態とあまりかかわらず、広く見られる日常食の作法として、初めに酒食を祖先や神・霊に捧げてから開始する、というものがある。たとえば台湾原住民族では、酒をまず地面に数滴垂らし、祖先に与えてから自分たちが飲み始める慣習が広範に浸透している。また私がシベリア鉄道で旅していた際、同じコンパートメントに乗り合わせたブリヤート人は、ウォッカを飲み始める前に、一、二滴を車内の窓枠や机の上に垂らしていた。さらに、中国江蘇省出身の留学生は、清明節に際し先祖を祀るため、食事前に酒を床に、もしくは香炉に振りまいたり、食物を少し摑んで香炉に入れたりし、それから皆で食べ始めるという。また、ある韓国人留学生によると、やはり酒を飲む前に地に落とす風習はあるが、神や祖先に捧げるのではなく、祀ってもらえない霊的存在（鬼神）に与え、祟りがないように施すのだという。彼が住んでいた釜山地方では「コシレ」（意味未詳）と言いながら飲食物を投げた、という。これは施餓鬼の発想に近いようだ。

このように、食事の開始前に飲食の一部を捧げる習俗は、アジアに限らず広く見られた。たとえばアフリカのイボ族（ナイジェリア）など多くの民族においては、人々は「灌頂（Libation）」なしに食事を始めることはない。つまり、飲食物の一部をまず地上に投げたり注いだりし、祖先たちや諸力に与えてから、自分たちが食事するのである。これは重要かつ広く普及した儀礼であり、とくに年輩の人たちは決してこれを欠かさないという。[19]

キリスト教およびイスラーム圏でも、早くに廃れたとはいえ、一九世紀後半ごろの欧州における民間習俗では、まだ散発的にこうした慣習が見られた。[20]

たとえば、ドイツの神学者・政治家のアードルフ・ヴットケ（一八一八―七〇）『現代ドイツの民間信仰』によれば、フランケン地方では飲む前にいくらかを床に注ぎ、害悪を避けようとした。また大きな森に入るときには、パンや木の実、ベリー類などを石の三箇所に置き、森に棲む「コケモモ男（Heidelbeermann）」の襲撃を避けようとした。[21]

フランスのブルターニュでは、グラスの最後の数滴を床に振りまき、よき天使（守護霊）への供物としたので、この目的のために、すっかり飲み干すことは決してなかったという。すなわちドイツの週刊誌『ダス・アウスラント（外国）』に載った無記名の記事によると、ブルターニュではカトリックの信仰と民間の迷信とがいまだに同居しており、両者を区別することはとても難しい。たとえば、ブルターニュの人が家族か知人の誰かといっしょにワインやサイダーを飲むときは、常に相手または自らの「仲間」の健康を祝して飲む。一人で飲むときも同様である。たとえば夫は妻の健康を、妻は夫の健康を祝する。これは、次の考えによる。どの人にもよき天使がいて、この天使はその人が生まれてから死ぬまでそばにいて、離れることはない。このよき天使がすなわち「仲間」であり、どの人にもいつもそばにいるので、その健康をともに祝して飲むのである。グラスは決してすっかり空にすることはせず、常に数滴を残しておいて、床に振りまく。これはよき天使に捧げる供物と考える者もあれば、異教時代に発する習俗で、常に大地の神に捧げていた名残だと言う者もいる。[22]

儀礼における飲食

アルコール飲料やタバコ以外の伝統的「嗜好品」として、ベニテングタケ、ベテル、カヴァといったものがある。

このうちベニテングタケは幻覚作用を引き起こすキノコで、かつてはシベリアの東西にわたって、シャマンがトランス（忘我状態）に入るために広く用いられた（のちウォッカにより取って代わられたところが多い）。ベニテングタケは「神から与えられたもの」と見なされたり、人格化されるなどする地域もあった。これは一応「嗜好品」の範疇に入れられることもあるが、資本主義社会におけるように選択肢の一つとして摂取されるものというより、シャマニズムの儀礼に欠かせない必需品だったと言える。[23]

他方、ベテル（檳榔）とカヴァ（胡椒科植物の根から作られる飲料）の分布は、前者が東南アジアから南アジアを経て東アフリカに及び、後者はポリネシアに広く行われ、メラネシアで一部重複している。ベテルは社交、とくに結納や婚礼など男女の結びつきを象徴するところが多く、その起源神話も、悲恋の男女の墓や死体からビンロウジ（areca nut）とキンマ（betel pepper）が生じたなど、ハイヌヴェレ型の類型で語られることが多い。同様の起源神話はカヴァやタバコについても広く知られている。[24]

飲食と禁忌・忌避

特定のものを摂取不可とする飲食の禁忌・忌避は、大宗教で発達したが、民間信仰レベルにも存在してきた。[25]

たとえば、ミクロネシア・カロリン諸島のある種の黒い鳥（Lamprothornis, テリムクドリ）は、男性は食べることを禁止されていたが、女性たちは好んでこれを食べた。男性はこれを食べるとココヤシの木に登る際に落ちる危険があるが、女性はその活動に従事しないので、関係ないとされていた。これはドイツの鳥類学者キットリッツ（一七九九―一八七四）が、一八二六―二九年の調査旅行において見聞したことである。[26]

一八五六―五八年にブルネイの英国領事を務めたスペンサー・セイント・ジョン（一八二五―一九一〇）によると、ボルネオ島のイバン人はかつて、豚肉・鹿肉などを嫌悪したが、それにより皮膚病にかかったり、狂気に陥ったりするのを恐れるか、あるいは夢が特定の肉に触れることを禁じたから、とされた。陸ダヤク人では、老人や女性は鹿肉を食べてよかったが、若者や戦士がそれを食べると牝鹿のように臆病になるので禁じられていた。[27]

こうした禁忌・忌避が特に強く現れたのは、妊婦・産婦やその夫に対してであり、ヨーロッパからもそうした事例が知られる。たとえば一九世紀後半、妊娠中のセルビア人女性について次のような禁忌があった。兎肉を食べてはならないが、さもないと子どもは兎のようになる、つまり目を開けて眠るか、斜視になる。また妊婦は馬に担がせた袋中の物も食べてはならないが、さもないと女の子しか産まれなくなる。カタツムリを食べると、子どもはいつもネバネバしている。魚をたくさん食べると、子どもは長いこと話すことができない。鳥を食べた後の動物の肉を食べると、子どもはかぎ爪の形の吹き出物が出るが、ある未詳の種の鳥の羽でいぶすと、この吹き出物から解放されうる。[28]

日本でも、たとえば妊娠中に口の大きな魚を食べると、口の裂けた子が生まれる（岩手県水沢市）といった観念が知られていた。[29]

また一九三〇年代後半、恩賜財団愛育会により、柳田国男を中心にして行われた全国の妊娠・出産・育児に関する民俗調査でも、こうした事例が多数報告されている。[30] 左頁にいくつかの例を挙げてみたが【表1】、興味深いのは、日本においては食物の性質よりも、形態に注意が払われてきたらしいことである。

いずれにせよ、これらは人類学者フレイザーの古典的呪術論[31]で説明できよう。すなわち、似たものは似た結果を生じる、という「類似の法則」の観念がはたらいているものと思われる。

表1　日本における妊娠・出産・育児に関する民俗調査からの食タブー例
［恩賜財団母子愛育会 1975：104-117より作成］

	食タブーの例	報告のある都道府県
形態の類似によるもの	兎を食うとヨグチ（口の大きく裂けた子）、エグチ（唇割れ）、イグチ（兎唇）、兎唇（三つ口）、欠唇の子が生まれる。	岩手、秋田、福島、栃木、群馬、千葉、東京、神奈川、新潟、富山、山梨、長野、岐阜、愛知、三重、兵庫、奈良、鳥取、島根、岡山、広島、山口、徳島、香川、愛媛、福岡、長崎、宮崎、沖縄
	四つ足のものを食うと四つ足の子が生まれる。	栃木、群馬、富山、山梨、愛知、山口、徳島、福岡
	いか・たこを食うといぼのある子、骨なしの子、または手足の多い子が生まれる。	栃木、群馬、埼玉、神奈川、山梨、三重、兵庫、奈良、鳥取、岡山、広島、山口、徳島、福岡、長崎、宮崎、沖縄
	生米をかむとねちねち粘る子を産む、胎脂がつく。ぬるぬるしたものを食うとぬるぬる子が生まれる。	長野、愛媛、鳥取
性質の類似によるもの	たこを食うといくじのない子を産む。	長野
	妊婦が鶏肉や卵を食うと鶏のように泣く子が生まれる。	富山
	亀を食ってはならない。歩行の出来ない子が生まれる。	岡山
	いかを食うと手の長い盗人を産む。	沖縄

海と陸の分離――北方

他に、かつて広く見られた食タブーとして、陸のものと海のものをいっしょにしない、というものがある。[32]

たとえばカムチャツカ半島のイテリメン人は、もし四足獣と魚を同じ器でいっしょに煮たら、狩猟がうまくゆかなくなったり、できものができたりすると信じていた。

ロシアの探検家・地理学者で、一八世紀初めにカムチャツカ半島の総合的記述を著したクラシェニンニコフ（一七一一―五五）は言う。彼ら（イテリメン）のもとでは、酸っぱくした魚をめぐって喧嘩したり口論したりするのは罪である。靴にくっついた雪をナイフでそぎ落とすのも罪であり、犬の皮を剥ぐときに、女と交わるのも罪である。魚を煮るのも罪であり、旅行中に斧やナイフを研ぐのも罪である。彼らは、こうした行動が自分らに厄介な事故を引きおこすと恐れている。たとえば、酸っぱくした魚について口論・喧嘩することで、それらが消え失せてしまうのではないかと恐れる。犬の皮剥ぎ時に女と交わると、疥癬（かいせん）にかかると恐れる。彼らは雪をナイフでそぎ落とすと、嵐に襲われると信じている。また異なる肉をいっしょに煮ると、猟運が悪くなるか、膿瘍（のうよう）ができると信じている。旅行中に斧を研ぐと、悪天候や嵐に襲われると想像している。「我々はこれら全てについて、さほど驚くにはあたらない。なぜなら、あらゆる民族においてこの種の迷信はいくらでもあるからだ」と、文化相対主義的な口調で、クラシェニンニコフは締めくくっている。[33]

エスキモー（イヌイット）は特にこの観念が強く、カリブーとアザラシを同じ鍋で煮てはいけなかった。カリブーを煮るのに、海の氷を用いなかった。海棲動物と陸棲動物の肉は、時間をずらして、別々の容器で煮た。

例としてカナダの人類学者ダイアモンド・ジーネス（一八八六―一九六九）が一九一三―一六年、カナダ極北探検隊の一員として行なった、カナダ・ヌナヴト準州とヴィクトリア島を隔てるコロネーション湾付近の、いわゆるコッパー・エスキモーの調査報告には、次のように書かれている。

ここで一番重要な食料は、カリブーとアザラシである。片方は陸に、他方は海に棲むので、これら二つの領域の産物は別々にしておかねばならない、という教義は、他のどの動物より、これら二つの動物に厳しく適用される。アザラシの肉は、生であれ冷凍であれ煮てであれ、陸上でも、海氷上でも、一年のどの時期においても食べられる。エスキモーがふつう内陸を移動する夏期は、事実上アザラシはまったく獲れないが、多くは春・秋に海浜に住んでいたときに確保してある。肉の大半はすぐに海浜で消費されるが、少しは内陸へ携帯される。カリブーの肉も生か冷凍で、どの季節にもどの場所でも食べられる。
普遍的に知られており、決して破られないタブーは、陸棲動物と海棲動物は決して同じ鍋で同時に煮てはいけない、というものだ。それで、住民が陸上に住んでいて、鹿（カリブーか）肉とアザラシ肉の備蓄が十分にあるときは、片方は朝に煮て、他方は夜に煮る。ただし、両方を同時に食べてもよい。実際、初冬の普通の夕食は、煮たアザラシ肉と凍った鹿（カリブー）肉なのである。[34]

海と陸の分離――南方

東南アジアなどオーストロネシア語族の地域でも、森の獣肉と海の魚をいっしょに調理してはいけない、という同様のタブーがしばしば見られた。

たとえばフローレス島ナゲ族のもとから、カナダの人類学者グレゴリー・フォースが報告したのは次のような話である。ある男がイセエビを捕まえて、火で焼いて食おうとした。しかし何度やってもエビは火から跳びだして逃げてしまった。ついにいきりたった男はエビに言った。「なんでお前は火の中にとどまっていないのだ」。するとエビは答えた。「人間とちがって動物は火が怖いのだ」。それで男が行ってしまうと、強い風と大雨が起きた。その後ずっと、男は悪名高い呪術師になった。[35] この話では、海の生物であるイセエビを陸上の動物と同じように調理したという境界侵犯、ないし「範疇の混乱」を行なったために罰せられた、と考えられている。[36]

他方、牧畜民においては乳と肉の分離に注意が払われるところが多い。これについてはフレイザーが『旧約聖書のフォークロア』中、「子羊をその母の乳で煮てはならない」の章に多数の事例を集成している。[37]

たとえばスーダン領紅海沿岸ベジャ人の場合、イルカやジュゴンの肉、また魚類を食べるときには乳を飲むことはない。イルカやジュゴンの肉もしくは魚類を食べた場合は、乳やそれを含む食事は少なくとも一日はとらないという。ただその「理由は、タブーと呼べるような強固な禁止ではなく、食べ合わせが悪いという程度の感覚のようであった」。[38]

こうした海陸の分離というのは、広義の宇宙論(コスモロジー)に属する問題である。関連して、民族学者の故大林太良は、室町時代の武家における「式正料理(しきしょう)」について次のように論じた。魚や鳥を組み合わせるときには、左のほうには山のものか田のもの、右のほうに海の魚か川の魚をのせることになっていた。また食べ方にしても、まず先に山のものを食べる。次に海のものを食べ、里のものを食べる。そういう順序が決まっていた。

「つまり、海、山、里というような宇宙を構成している主な領域、そういう宇宙の秩序というものに従って料理を食べなくてはいけないという、そういういわば宇宙論的な、ものの考え方があるわけであります」。そしてさらに、日本では地方によって、ご飯の右側におつゆのお椀を置くか、あるいは左側に置くかが違うが、そうした細かい違いも、非常に大きな、その土地その土地の宇宙論の違いの、最後の名残である可能性がある、と指摘した[39]。

我々がときに「食い合わせ」を気にするのも、根底にはこうした観念が潜んでいる場合もあるかもしれない（先述したベジャ人の例を参照のこと）。

飲食とアイデンティティ

前項に挙げたように、飲食の禁忌・忌避はジェンダーや年齢とかかわることもあれば、社会階層や民族集団とかかわることもある。もちろん、宗教組織と密接にかかわる問題でもある。このことは、酒や犬肉などにおいて顕著に現れる。

かつて石毛が述べたように、多くのタブーには、共通した社会的機能が存在する。それは、タブーが集団を差別化し、タブーを共有する人々の連帯を強化する役割を担っている、ということである。[40]

次章でくわしく論じるように、中国・福建省では今でも、閩南(びんなん)系の人々が客家(はっか)系と自らを区別する際、「彼らは犬を食べるが、自分たちにはそんな習慣はない」と主張する。台湾原住民サイシャット人は、「犬は家計の友だから食うな」と言い、漢人がそれを食べる匂いをかぐのも嫌だった、と語っていた。また犬肉食はジェンダーともかかわっており、一般的に「男の食べもの」とされるところが多いのは、飲酒と「男性性」アイデンティティの結びつきとも重なるところがある。

二〇〇九年から翌年にかけ、ベルリンのユダヤ博物館で開催された「食と宗教」展においては、フォイエルバッハが述べたという言葉、「マン・イスト・ヴァス・マン・イスト」(Man ist, was man isst)、すなわち「人は、食するところのものである」がしばしば語られた。[41]それは人間のアイデンティティが飲食物と切り離せないことを、うまく表現したものである。

信仰と食

本章で採り上げた事例の中には、伝統的生業の変容や、世界的に進む都市化・資本主義化の中で廃れてしまったものもあろう。しかし、大宗教や今日の食生活・食思想の背景や根底を考える上で、有効な視点をもたらすものもあるだろうと思われる。

かつてドイツの民族学者ハインリヒ・シュルツは、宗教的食禁忌の根底には、食べ慣れないものに対する生理的拒否感という次元が存在すると考えたし[42]、石毛も、「宗教そのものに食物タブーの起源をもとめるのではなく、その以前からあった禁忌事項が特定の宗教と結合することによって、タブーが強化されたものと考えるべきであろう」と述べている[43]。

本章で中心に据えてきた伝統社会の素朴な民間信仰は、大宗教により強化・普及され、さらに世俗化の波に乗って、変容・弱体化の過程にあるものと考えられる[44]。

注

＊1 「いかもの」研究の論文集としては、マクランシーほか編『不可食の食――食選択において軽視されてきた諸次元』(MacClancy, Henry & Macbeth eds. 2007)があり、採り上げられているのは、土、ゴミ、猫、昆虫、鼻くそ、人などである。
＊2 本章全体に関してYocum (ed.) 1995, Mintz & Du Bois 2002も参照。
＊3 山田 二〇〇一。
＊4 Jensen 1939: 59–65.
＊5 大林 一九七三。
＊6 Frazer 1930.
＊7 山田 二〇〇六。
＊8 多良間村役場 一九八一：一七五—一七六。
＊9 栄 一九七一：一五三—一五四。
＊10 斧原 二〇一三：一九二—一九三。
＊11 Haberland 1887–88 V: 388–394.
＊12 von Neumann 1875: 46.
＊13 Lawson [1709]: 91.
＊14 Sagard 1632: 255.
＊15 Schwabe (Hrsg.) 1771: 556.
＊16 Georgi 1776: 13–14.
＊17 Castrén 1853: 147.
＊18 谷口(訳)一九七三：二六〇—二六一。
＊19 Odoemene 2000: 34–35.
＊20 Haberland 1887–88 II: 13–16.
＊21 Wuttke 1860: 86.
＊22 Anonym 1859: 1173.
＊23 Rosenbohm 1991.
＊24 山田 二〇〇一：一二五—一三〇、山本 二〇〇四：一七八。
＊25 Andree 1878: 114–127.
＊26 von Kittlitz 1858: 103–104.
＊27 Spencer St. John 1862 I: 72, 177.
＊28 Andree 1878: 116.
＊29 田中 二〇一四：一七。
＊30 恩賜財団母子愛育会 一九七五：一〇四—一一七。
＊31 Frazer 1922: 14, 邦訳一：六〇。
＊32 Lot-Falck 1953: 187–190, 邦訳：一七九—一八一。
＊33 Krachenninnikow 1770: 106–107.
＊34 Jenness 1922: 182–183.
＊35 Forth 1989: 91.
＊36 後藤 二〇〇三：九二—九三。
＊37 Frazer 1918 III: 111–164.
＊38 縄田 二〇〇二：一九六。
＊39 大林 [一九八七]：四七—四八。

＊40　石毛 二〇〇九：三九〇。
＊41　Friedlander & Kugelmann (Hrsg.) 2009.
＊42　Schurtz 1893.
＊43　石毛 二〇〇九：三八三―三八四。
＊44　そうした食のありかたと変容について、アフリカに関しては石川博樹／小松かおり／藤本武（編）『食と農のアフリカ史』（二〇一六）、シベリアに関しては永山ゆかり／長崎郁（編）『シベリア先住民の食卓』（二〇一六）がすぐれている。

第二章

犬肉食とそのタブー

犬を食べる？

アムンゼンとその一行は一九一一年の南極探検において空腹のあまり、橇(そり)ひく犬をスープの具にした。初めは心理的に抵抗があったが試してみると絶品で、リブ肉はまたたく間に平らげられたという。[45] 非常時には、人はふだん口にしない物も喰わざるをえない。しかしこれから採り上げたいのはこうした例外的な犬肉食ではなく、文化としての食犬である。犬を食べたことのない人が犬肉の並ぶ市場を見たら、カルチャー・ショックを受けるだろう。自分たちの食べない犬が隣の民族の食卓にのぼっていれば、「あいつらは……」というエスニック・ジョークが生まれやすい。冗談で済ませられない愛犬家たちは、猛烈な反対や抗議を始めるかもしれない。いやこれは現実に起きていることだ。けれども感情的に吠え立てる前に、人類は犬をいかに食べてきた、あるいは食べてこなかったのか、少し冷静に振りかえってみよう。

台湾の「香肉(シアンロウ)」

私と犬肉の出逢いは十数年前にさかのぼる。当時語学研修のため滞在していた台北でまだ食べられるという情報を得、友人と行ってみたのだ。台湾で「香肉（シアンロウ）」と呼ぶそれを出す店が台北市西南の某所に残っているというのである。予想に反し、そこは大通りに面して商売しており、看板にも堂々と「廣東香肉店」と書かれていた。店のオヤジに一人前（五五〇元）を注文すると、大きな冷蔵庫から早速いくつかの肉片をつかみ出し、洗面器のような金ダライに入れ、白菜と豆腐を手早く切って加えたところへ褐色のスープをなみなみ注ぎ、我々のテーブル上のガスコンロに置くと火をつけてくれた。

肉片は不揃いな大きさに粗く切り落とされただけで、どの部位かはわからない。ところどころには骨も付き皮もある。そして独特の臭みがある。歯触りはというと筋肉質な歯応（ごた）えがあり、嚙み切るのに少しだけ苦労した。味は山羊汁に似た感じとでも言おうか。個人的には病みつきになる味とは言い難いものだった――沖縄の山羊刺（ヒージャー）は好きなのだが。

この体験を台湾の知人たちに話してみた反応は概して「うえーっ、あんなものをどうして？」というものであった。「犬に吠えられるから気をつけて」と忠告してくれた人もいる。[46]その後、台湾では犬・猫の屠殺・販売を禁ずる法令が厳しくなり、摘発される業者も跡を絶たないという。噂では我々の訪れたあの店も今はないらしい。時流には逆らえないということか。[47]

気になるのは、台湾の香肉文化がいつ、どう始まったかである。ところが、これがよく分からない。民俗研究家の劉還月（新竹県の客家（はっか）出身）によれば、台湾では寒くなると市街で「火鍋（フオグオ）」や香肉を売る店が繁盛するようになる。ことに台湾における香肉の歴史は相当長く、これを食べれば寒くなくなると信じられている、という。[48] 今も台湾では「補冬（ブートン）」と称し、冬に山羊鍋などを食べて栄養をつける風習があるが、これも以前には香肉を用いる場合が少なくなかった。

しかし、これらに反する記述もある。一九三〇年代ごろの台湾漢族においては「家畜類は豚を最大とし、……此に次ぐのは牛、水牛、馬、兎、犬、猫等で、牛、水牛、馬、犬、猫は、従来は決してこれを食用とする者はなかつた……これ畜牛は、人命を保つ所の五穀を作る農耕の助を為し、人力の及ばざる重量ある貨物の運輸を為す等、人類に益すること大であるから決してこれを屠殺せず、愛撫飼養し、其の肉を食膳に上す如きは夢想だもせざる所であつた。（中略）犬、猫も亦人を利し、世を益する家畜としてこれを食するものなく、諺にも食シ了ラバ二牛犬一ヲ地獄ハ難シレ免レとて、一般にこれを忌みて居る」[49] というのだ。

台湾は多民族社会であり、その経てきた複雑な歴史を反映して食生活をふくむ文化のあり方も実に多彩である。最も古くから住んできたのは原住民の人々だが、今では人口の一—二%程度を占めるに過ぎないマイノリティで、残りはほぼすべて漢族である。つまり清代以来、中国大陸から渡ってきた閩南（びんなん）（福佬（ふくろう））系（主に福建省出身）と客家系（主に広東省出身）をあわせて本省人と呼び、第二次大戦後に移入した漢族を外省人と称している。その間、一八九五年から一九四五年の半世紀に及ぶ日本統治期には和食も入ったため食文化はさらに多様化した。

今みた戦前の描写の中で農耕に用いる牛を食さないというのは華南とも共通し[50]、本省人がもたらした慣習である。現在でも牛肉を避ける年輩の本省人がいるとはいえ、日本統治期に神戸牛などが入り戦後には外省人が牛肉麺などを持ち込んだので、台湾における食牛への態度は今日かなり寛容になっている[51]。

では犬はどうか？　台湾の本省人は食べていたのか、いなかったのか？　これに関し閩南人の諺で「牛犬を食わずんば功名顕れず」というのがある。牛や犬を食べるほどの大胆さがなければ出世しないとも取れるが[52]、この背景には、孔子ら聖賢の祭祀に牛や犬を用いてきた中国士大夫の伝統が潜んでいる[53]。逆に言えば、庶民がこれらの動物を食べる機会は多くなかったということだ。

ところが、客家系の人々の間では犬料理が広く嗜まれてきた。「犬の肉を材料とする料理は、客家のメニューの中には、どこでも見ることができる。（中略）客家の諺に『犬の肉を三回煮立てると、神仙も我慢できない』というのは、犬の肉を煮るととてもよい香りがするので、神仙も食べたくなるという意味であり、これを見ても、その味が並ではないと言えよう。事実、犬の肉は暖胃強身、体力増強の薬用効果があるので、毎日重労働に従事する客家はみな喜んで食べたのである」[54]。

福建省では今でも、閩南系の人々が客家系と自らを区別する際「彼らは犬を食べるが、自分たちにはそんな習慣はない」と主張する。[55] してみると、台湾に本格的な犬食文化を持ち込んだのは客家の人々ではなかったろうか。清代の中国では広東以外どこも（少なくとも表向きには）犬を食べなくなっていたというのも、[56] その傍証になるであろう。

台湾の原住民族ではどうか

もう少し台湾にとどまってみよう。原住民族の間では事情はどのようであったか？　康熙六一年（一七二二）巡視台湾御史に任ぜられて台湾に渡り、当地の習俗を詳細に記録した黄叔璥は、原住民各社（社は村のこと）について次のように述べている。台湾西部に住んでいたホアニャ族・バブザ族では「各社倶に敢て犬を食わず」、パポラ族の沙轆社・牛罵社では「牛を食わず、牛死すれば道旁に委ねる」、さらにパイワン族の一部では「雞を食わず、伝有り、紅毛生番を殺さんと欲せしに、倶に禍を避け遠く匿れ、雞声を聞きて其の所在を知り、逐いて之を殺す、番以て神と為し、故に食わずと」（『臺海使槎録』）。このように民族・地域によっては犬や牛や鶏を食べなかったらしく、宿敵オランダ人の居場所をその鳴き声で知らせてくれたのが鶏だったから、などとその由来譚も語られていたが、多くの獣肉がときには生食されていた[57]。

二〇世紀になっても一部のパイワン族は鶏を食用とせず[58]、鶏卵は原住民族において広くタブーとされ[59]、アミ族では熊・猫・犬・猿の食用を禁忌としていた[60]。私が調査を行なったサイシャット族では「犬は家計の友だから食うな」と言われ、匂いをかぐのも嫌だったと聞かされた。滞在した家庭では、東東（トントン）、小白（シャオバイ）などと名づけられた犬が半飼育の状態になっていた。この二匹は残飯を与えられ、ムササビなどの猟には尻尾を振ってついて来る。ここでの犬は残飯処理役と猟犬を兼ねた存在であり、台湾原住民族が犬を食べてこなかった理由の一端が見えた気がした。

世界における犬肉食の分布

以上のように台湾という一地域をとってみても、そこには犬肉を忌避する集団と嗜好する集団とが並存してきた。

したがって、世界的な犬肉食の分布図を描くのは、かなり至難の業だと言ってよい。と

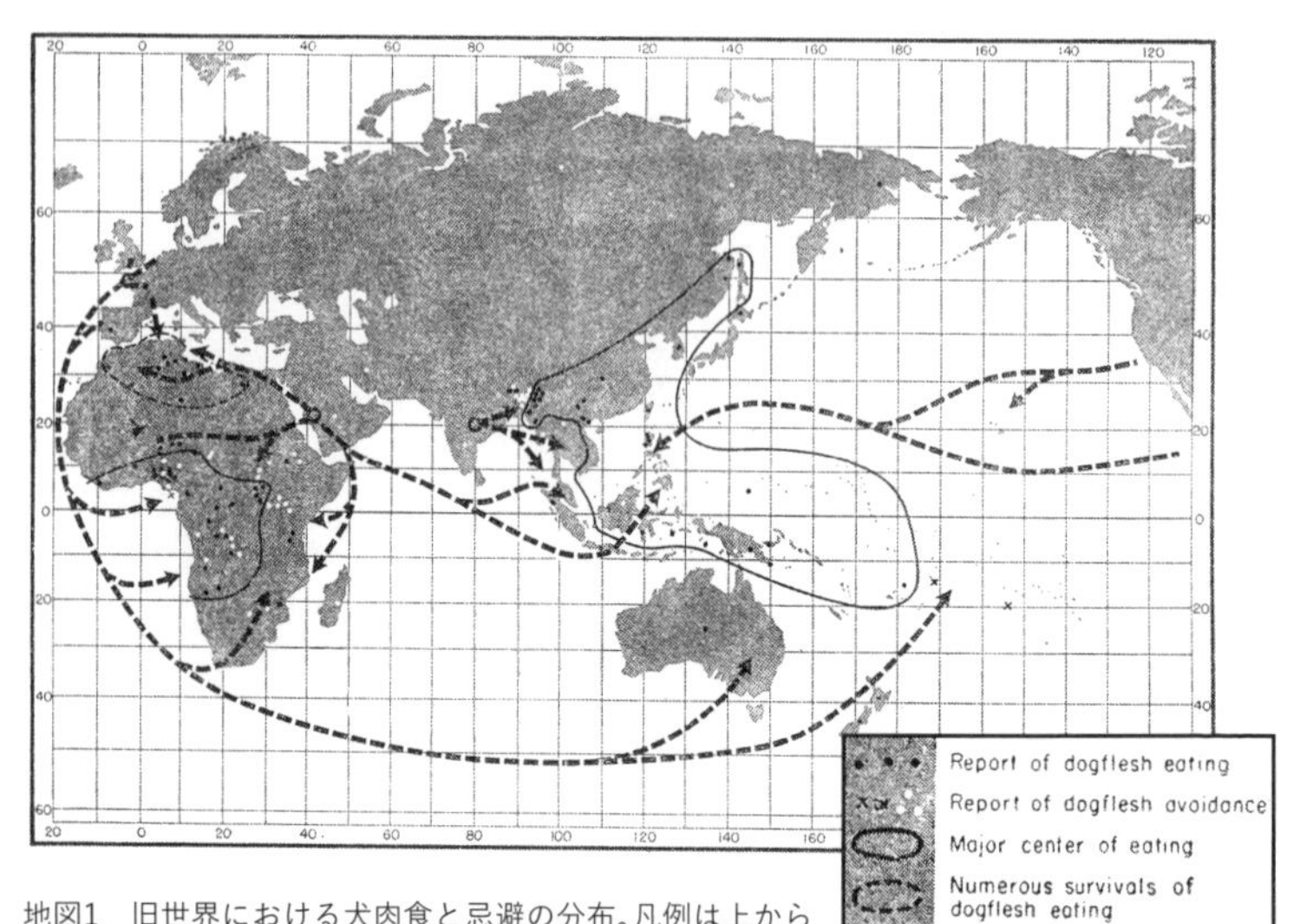

地図1　旧世界における犬肉食と忌避の分布。凡例は上から（1）犬肉食の報告あり、（2）犬肉忌避の報告あり、（3）犬肉食の中心地、（4）犬肉食の残存多数、（5）近代における反犬肉食の主戦線（Simoons 1961: 93）

はいえ大勢はほぼ明らかにされている。一九世紀のランガーフェルによる先駆的犬食（フンデ・エッセン）研究などを踏まえつつ、この問題に正面から取り組んだのは地理学者シムーンズである。[61] 彼によれば、旧世界における犬肉食の二大中心地は（一）熱帯の西・中央アフリカ（後に北アフリカも追加）、それに（二）東南・東アジアと太平洋の島々であり【地図1】、犬肉を忌むのは牧畜民、食べるのは農耕民、という傾向性が示された。

シムーンズの採り上げていない新大陸はどうだろうか？　北米・中米についてのドライヴァーとマッシーのまとめでは、犬が食用のために飼育されてきたのは合衆国東部、中央平原、カリフォルニア、そしてメソアメリカだが【地図2】、おそらく特別な機会または儀礼においてのみ食されたのだろうという。けれどもテルマー「古アメリカ文明諸民族における犬」が指摘するとおり、古く中米では多くの犬が肥育・去勢され、供犠獣としての役割を終えた後は祭宴のご馳走になっていた[62]。「世界中でもっともよく犬肉を食べたひとびとは、コロンブス到来以前のメキシコにいた[63]」とまで言えるかは疑問だが、シムーンズの二大中心に加えてここも犬肉食の一つのセンターを成していた。南米に関しては、ラトハ『南米インディアンにおける犬の役割』が述べるように、アンデス高地で儀礼・薬用に犬が用いられることはあったが大規模なものではなく、それ以外の先住民においては犬肉への嫌悪がほとんど常套句のように記録されてきたのである[64]。

では、各地の食犬文化はいかに展開してきたのか？

食べる・食べないの境界は？

さまざまな疑問がわいてくるが、日本ではあまり知られていないアフリカの犬食いについて、やや詳しく見ておくことにしよう。

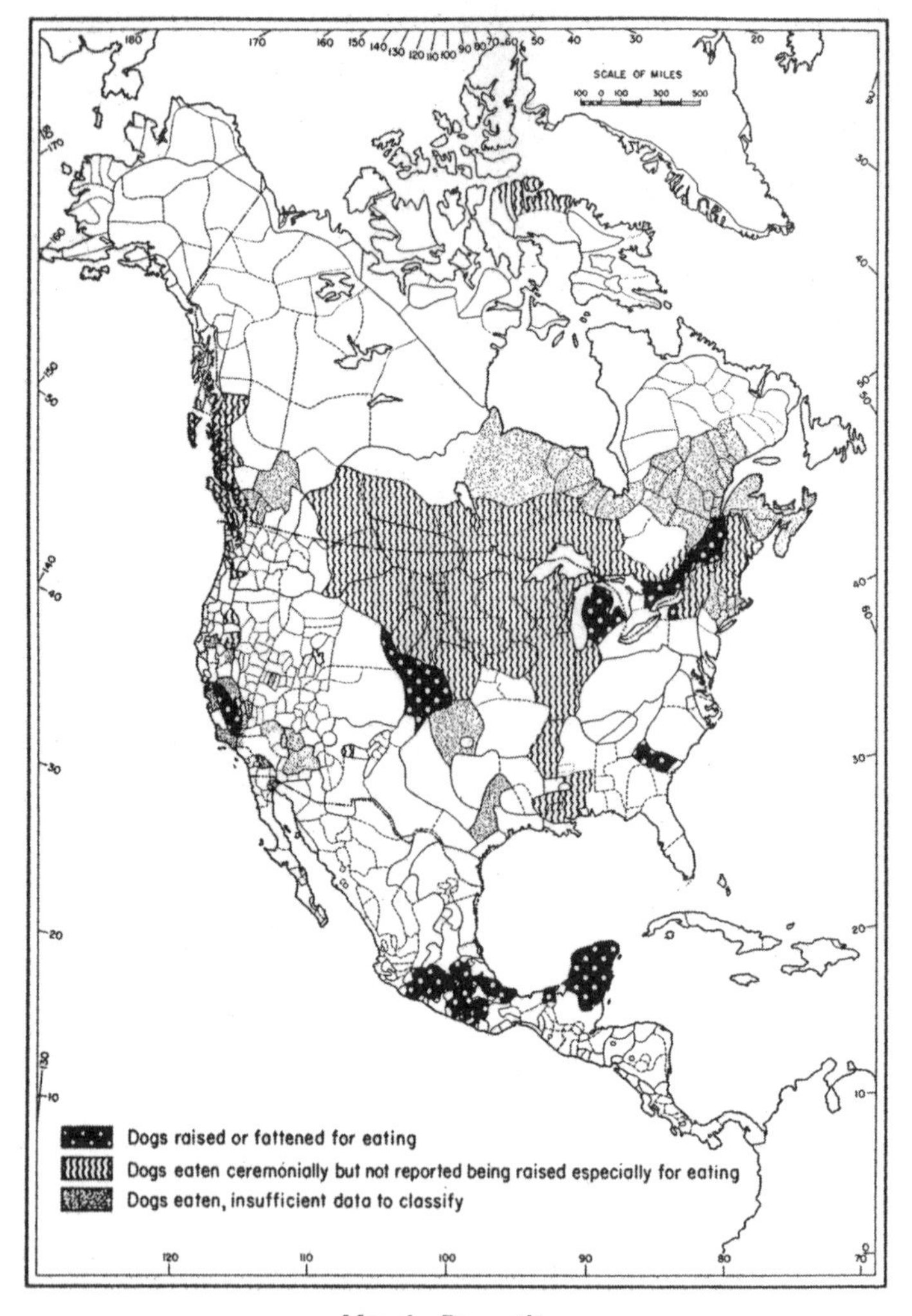

MAP 6. Dog eating.

地図2　北米・中米における犬肉食の分布。凡例は上から
（1）食用のために犬を飼育・肥育、（2）儀礼的犬肉食しかし食用飼育の報告なし、
（3）犬肉食しかしデータ不足で分類不可能（Driver & Massey 1957: 182）

アフリカの犬食文化

アフリカ大陸の犬食い文化について、最初に本格的な研究を行なったのは民族学者のバーバラ・フランクで、フランクフルト大学に提出した博士論文『アフリカ諸文化における犬の役割』の第五章全体を犬肉食にあて、とりわけ信仰や神話とのかかわりを詳しく論じた。[65] その後、シムーンズが「北西アフリカにおけるヒトの食料としての犬」、「サハラ以南アフリカにおけるヒトの犬肉食」[66] という二編の論文で資料を拡充・アップデートしている。[67] これらにもとづいてまとめてみよう。

まず分布だが、アフリカで主に犬を食べてきたのは、北西部、およびサハラ以南では中西部の農耕民である【地図3】。大型家畜を飼う人々、イスラームの影響下、および狩猟民のもとでは、一般に犬は食用とされてこなかった。主に男の食べ物とされてきたところが多く、食用にわざわざ肥育したり、脂肪をつけるために去勢する地域もある。しばしば犬肉は市場で売買され、高値で取引される場合もあった。犬の肉は商売や賠償、貢税や結納などにおける価値基準としても用いられた。犬肉は美味だという記録も多い。

屠殺は、たいてい棍棒で殴ることにより行われた。コンゴ一帯では、まず犬の四肢を切断し、何時間もそのままに寝せておいた後、生きたまま皮を炙った。こうした「いたぶ

地図3　アフリカにおける犬肉食と忌避の分布。凡例は●が犬肉食の報告あり、○が犬肉忌避の報告あり、点線がベルベル人における犬肉食地域、破線が西アフリカと中央アフリカの犬肉食地域(Simoons 1996: 253)

り」は他の動物や食人に際してもなされることがあったが、その目的は肉を柔らかくすることだったと言われる。

ただし、犬肉は決して日常食ではなく、儀礼における供犠行為にともなうのが普通だった。先述のように男性だけに許されたのみならず、特定の年齢層だけが食してよかった、という記録もある。さまざまなタブーが科せられることもあった。たとえばウバンギ・シャリ地域では、犬肉を食べる男は一定期間、性交を禁じられたし、コシ族では妻が妊娠中の男は犬を食ってはならなかった。タレンシ族などにおいては、女性は犬を料理することも許されず、犬用の鍋は女性のキッチンとは別の場所に保管されるところもあった。ゲミェク族やウダム族では、女性や子供も犬肉を食べてよかったが、料理については同様の禁忌が存在した。

犬肉と人肉

実のところ、女性にタブーとされてきた肉は犬だけではない。人(カニバリズム)、豹、山猫、蛇、鰐、猿、鼠、鶏、山羊その他の肉も、民族や地域によっては禁じられた。これらはたいてい日常食ではなく、とりわけ豹や蛇のように、特別な宗教的意義を有する動物である。人肉食と犬肉食の関係についても、しばしば言及されてきた。実際、人肉と犬肉を混ぜて食べたというところもあるし、ムブンドゥ族の大好物は犬肉だったが、それは戦士だけの食べ物であり、首長の叙任や戦勝といった祝祭において、人肉・牛肉と混ぜて食したのであった。インバンガラ族は王の即位式などに際し、人・牛・山羊・羊・犬の肉をいっしょに煮て食べた。同族と近縁のヤガ族からは、そうした儀礼が一六世紀から知られている。セヌフォ族の場合、かつては戦闘捕虜を聖なる森で殺して食べるという食人俗を有していたが、やがて犬により置き換えられたという。

人身供犠と犬の供犠が同義であることについて、きわめて興味深いのはボボ族である。ここでは村外で殺した敵の死骸は、女たちのいないところで「犬のように」解体した。殺害者は犬を、同伴者は鶏を供犠し、「犬に似た」人間の内臓は、薬を加えつつ犬肉とともに煮た。鶏と犬の頭部は別に調理し、老人にあてがわれた。そして食後には殺害者の髪を剃った。「血の首長」や年長者による犬供犠は、ボボ族における殺害者浄め儀礼の中心的な構成要素をなしていた。

ナンカンセ族でも人を殺した者は、動物の角と齧歯(げっし)類の皮の中に自ら作った「薬」を保管し、年ごとに犬と山羊を供犠しないと、死ぬとされた。そしてこれら供犠獣を食べることができるのは、彼だけだった。ロビ族とビリフォル族では、人を殺した者の葬儀において犬供犠が特別な役割を果たした。犬は死者の弓に結びつけられたが、それをするのは一種の殺人集団に属するメンバーたちであって、彼らのみがそれに続いて弓上で供犠した犬の肉を食べてよかった。イボ族でも、首狩者の葬儀では犬と鶏を供犠し、戦士たちがその肉を食べた。ヒギ族では人の代わりに犬を殺すという代替が起きた。司祭兼首長の死後には、その息子が敵村の成人男性を殺す決まりだったが、それが成功しなかった場合は牛か犬でもよかったのである。つまりここでは、犬肉が人肉といわば同一視されていたわけだ。どちらも儀礼という特別な機会にのみ食される肉で、祭儀から除外されていた女たちには分け前が与えられなかったのである。

ウバンギ・シャリ地域の人々は女の犬肉タブーについて、その理由は犬肉が人肉に似ているから、と明言していたし、カブレ族やカセナ族によれば「犬は人のよう」であった。興味深いことに、西・中央アフリカで犬を食べなかった人々は、まさに同じ理由を挙げて、つまり犬は人と似ているから食わない、と主張してきたし、猿肉タブーにも同じことがしばしば言われる。

こうして見ると、アフリカにおけるカニバリズムと犬肉食の分布がほぼ重なるのも偶然ではない。

許される基準

カゴロ族については、かつて女性は老若問わず、犬や鶏を食べてはならなかった。彼女らは祭儀に参加できなかったからである。このように、犬供犠が秘儀やイニシエーション儀礼の中心的位置を占める場合には、それを食べることは女性やイニシエーション前の男たちには許されなかった。

犬肉食が禁じられたのは女性だけではない。ソンゲ族では奴隷が、ムンダング族では若者一般が、ボッコ族では割礼前・割礼中の少年が、食犬から除外された。ボッコ族の場合、それを食べれば割礼の傷がなかなか治らなくなる、と言われており、ここでは本来、犬は老人だけの食べ物だったのである。これはバヤ族やアフサレ族でも同様だった。

リベリアのグブンデ族では、犬は平民が食うものではなく、ビッグマンだけのものだった。首長の成人男性親族が亡くなったときにだけ、犬が供犠されたのである。トマ族でも同様に、有力者のみが犬を食べていた。ドゴン族では双子だけが犬食タブーに服したが、その理由は未詳である。

女性でも、出産可能な年齢の女以外は犬を食べてよいとした民族もある。その場合、初潮前の少女や老女たちは例外とされた。たとえばクンドゥ族の老女たちは、秘密裏に行われる棺桶作りに立ち会ってもよく、そのとき男たちに食事を用意したり、犬肉食にも参加してよかった。このように、出産可能な年齢の女性が食犬から排除されたというのは、生殖能力に不利になると考えられたからである。たとえばコシ族では犬肉を食べた女性は乳が枯れると言い、バンダ族では犬肉は女性を凍死させると信じていた。

供犠儀礼と環境要因

以上のことから、西・中央アフリカにおける犬肉食は、基本的に宗教行為として行われたことが分かる。多くの民族が犬肉はとても美味しいと語る一方、それが特別な宗教的儀礼食だった事実もあるからだ。他方において、西アフリカで犬肉が好まれたのには、環境要因もある。この地域はツェツェ蠅により媒介されるナガナ病という伝染病が広く見られるため、他の家畜が少なく、動物性食料として犬の占める割合が高いのである。

他方、東アフリカに行くと犬肉食はほぼ見られなかった。その理由の一つは、牛を初めとする大型家畜の存在である。南アフリカでも、犬はごくわずかの例外をのぞき食用とはされなかった。ただし南ローデシア北部のマニイカ族では、ほぼ四年に一度ひらかれる播種儀礼において犬供犠が行われた。この供犠はマニイカ族に大型家畜飼育が導入される以前の、古い農耕民的要素を示しているとされる。すなわち彼ら自身、もともと自分らは牛を持っていなかったが、北方のある民族から手に入れたと述べているからだ。

マルティ山地のソト族でかつて犬肉を食べたというのも、やはり農耕民的要素によるものと考えられる。ここでは「犬を食うのと人を食うのは同じこと」と言われており、かつては人肉を食べる前に犬肉を食べる習わしだった。その後で歌を唄いつつ、「自分らは犬の脳と小さい子供を食べた」と自慢して、恐怖を振りまくものだったと言われる。

ベルクダマ族については、芋虫・蛆虫・狒々(ひひ)・犬・鼠なども、動物の屍骸や胎盤も、好き嫌いせず食べたとされる。ただし、ここでの犬肉食は近隣諸族からは忌み嫌われていたこともあって、供犠とは関係せず、困窮と衰弱によるものだったかもしれない。

アフリカ北西部

北西アフリカでは、ベルベル人の犬肉食が古くから知られる。北アフリカにイスラームが広まるにつれ、この慣習は駆逐されたところが多いのだが、残ったところもある。[68] ナツメヤシを食べさせて肥育した犬肉が、市場で取引された記録は古くから存在し、酒宴で犬肉が嗜まれていた。台湾の「補冬」を想起させるような、秋に犬肉を定期的に食した地域もある。そして北アフリカでは女性たちも食犬からは排除されず、逆に彼女らは大いにそれを楽しんできたらしい。たとえばウアルグラ地方の女性たちは美容のために、またその他の地域では不妊治療のため、男子を産むため、また梅毒の薬として、といった目的が挙げられている。

料理法はさまざまだった。頭部や尾や四肢をつけたまま、丸ごと供されることもあったが、たいていは調理前に解体された。肉は塩漬けにしたり、乾燥させたり、香料を加えたりし、必要なときまで保存されるか、新鮮なうちに用いられた。いずれにせよ、シチューとなる場合がしばしばだった。ウアルグラ地方で女性を肥えさせるために作られたレシピは、塩漬けし乾燥し香料を加えた犬肉を鍋で煮て、コロハ（豆科レイリョウコウ属の草本）とニンニクとタマネギを入れ、クスクスの一種メルドゥーを混ぜた。女性が寝る前にこれを食べると、一晩中温かく、凍えることはなかったという。スフ地方では治病用に香料をたくさん入れたソースが必要とされ、野生ミント、イヌホオズキ（モレル）など、遊牧民から購入した植物を混ぜた。患者は犬肉と汁をなるべく熱いうちに食べ、横になって布団をかけ、汗をかくようにした。ジェルバ地方の犬肉料理も多種類あり、ヒヨコ豆や干しブドウを混ぜ、溶かしバターをふんだんに掛けたものもあった。

そしてこの地を旅するヨーロッパ人たちは、予想外の体験を書き記している。たとえばエジプト西部のシワ・オアシスにはベルベル系の人々が住んでいた。ここを訪れたベルグレイヴ氏は現地の人々に産まれたばかりの仔犬をプレゼントした。みな熱心に世話をするのを見て彼は喜んだが、カイロへの旅から戻ってみると、例の仔犬たちはみな祭で食われた後だった。人々は仔犬を食用の贈り物と信じて疑わなかったのである。そこでベルグレイヴは次に産まれた仔犬たちを溺死させてしまったが、シワの人々からすればそれは、あまりに勿体ない所行に映ったという。やがてヨーロッパ人との接触が増すにつれ、現地民も犬肉食を嗤われるのを恐れて、ひそかに行うようになっていった[69]。

一つの問題として、北アフリカの犬肉文化がブラック・アフリカのそれと歴史的に関連するかどうか、がある。供犠の形式や機会は直接には重ならないが、中央アフリカでも不妊や病気を治すための犬供犠は見られた。全体として、アフリカ北部の犬供犠は宗教的というより呪術的色彩が強いが、かつては宗教的供犠として行われていたのが、イスラームの影響で呪術的領域に追いやられたのかもしれない。よってフランクは、北アフリカと中央アフリカの犬供犠に関連ありと推測している。

アフリカで犬を食べない民族は、イスラームやキリスト教の信徒を除けば、東アフリカに広く分布している。ナイロート系諸民族や、彼らから文化的刻印を強くうけた東・南アフリカのバンツー系諸民族である。

神判としての犬肉食

ただし、アフリカで犬肉を食べない地域に、三つの例外が存在する。まずランゴ族では、犬は不浄な動物と考えられていたため、神判など罪の有無を判定する際に食用とされた。チャガ族では、邪術や呪詛を避けるため、民族全体がある種の「神判」を行う必要あり、とされていた。この儀礼は「浄め」ないし「犬食い」と呼ばれたが、それは犬の骨を削り、ビールに混ぜて飲むことに由来する。ここでは犬は非常に恐れられていたため、犬が死んだ場所には作物を植えようとする者はいなかったし、「犬がお前のところで仔犬を産むように」というのは大変な呪詛にあたっていた。ガウェイル・ヌエル族にはその他、係争中の双方が犬の耳から流した血を飲み、有罪者を確かめる神判があった。

こうした記録からは、東アフリカの犬食を西アフリカのそれと直接関係させることはできなさそうだ。後者では犬は聖なる動物、幸をもたらす動物とされたのに対し、ランゴ族やガウェイル・ヌエル族、チャガ族では、犬を食するのは大変な危険をともなうとされていたのである。犬が不浄で危険な動物だからこそ、それを食べる神判に合格することが意味をもったわけだ。こうした神判は、犬がしばしば死や病気を意味する凶兆とされ、黒呪術で一定の役割を果たすことと関係するかもしれない。

　他に、犬を神判で食べることはカサイ地域などからも知られるが、チャガ族と共通して興味深いのは、マムプルシ族の神判である。ここでは王の叙任式において、驢馬（ろば）と犬を神殿で供犠し、その肉でスープを煮て翌朝、王の尊厳をけがす恐れのある者すべてがそれを食べねばならなかった。たとえば王の妻の一人と姦通した者は、それにより死ぬとされたのである。犬とならび驢馬も供犠されたのは、注目に値する。

　このように、大型家畜を有する人々の犬肉への態度は、概して嫌悪であった。犬肉は不浄だというのである。同様の犬肉忌避は、マダガスカルでも見られたが、これは非常におもしろい。というのも、マダガスカルの人々の多くは、インドネシアから移住してきたマラガシー系の子孫であり、その原郷では犬肉を食べていたはずだからである。この島でも犬肉を避けるようになった背景には、イスラームやキリスト教が一定の役割を果たしたことが考えられるが、それと並んで犬を祖先とする信仰も伝わっている。

　東アフリカでは、犬以外の肉食獣もたいてい忌避されてきたから、一見すると彼らの態度はヨーロッパ人のそれと似ているようにも見える。しかし実際には、犬は人間の友だから食べないというよりも、犬その他の肉食動物はまったく不味く食えたものじゃない、という観念のほうが卓越していた。それを示すのが、ルワンダから伝わる神話である。それによると、むかし神は犬を呪って言うことに、「お前はあわてんぼうだから、仔を産むのも大慌てでですることになり、目の見えない仔を産むことにしよう。ただしお前を喰う者は、ひどい死に方をすることにしよう」。また別の神話によると神は犬に「人間はお前に対する軽蔑から、その肉は食わず、お前の皮を着用もしないようにしよう」と言った。

社会階層と食犬

西アフリカに戻ると、犬肉を食べるか否かについて、社会階層が関係しているところがある。たとえばアンゴラでは、王の家畜囲いにいる犬は決して食われなかった。オヴィムブンドゥ族の首長は、犬だけでなく四つ足の動物を食べてはいけなかった。同様の犬食禁止は、ここでは呪医にもあてはまったが、治病目的の場合だけは許された。

スーダン地方の首長にも犬肉タブーが存在し、トゥリシのヌバ族では、首長が犬と豚を禁じられていた。そのほか犬肉の禁止は司祭や雨乞師、および首長の兄たちにも適用された。バヤ族では首長氏族にとって犬と猿がタブー、チャンバ族では豹と犬と驢馬とハイエナが禁止、マンダラ山地の首長にも犬肉はタブーとされた。

モバ族では、犬を食べる人々と食わない人々の間で、葬制が異なっていた。前者はペニスケースだけを着けて埋葬されたが、後者は長い衣服の内にくるんで埋葬することに、非常な価値を置いていた。これはフロベニウスの考えでは、犬を軽蔑し、長い衣服を着るスーダン系の人々が関係しているようだ。

また特定の人々や地域に、別な種類の犬タブーが見られることもしばしばあった。当該人物の社会的地位ではなく宗教的地位が問題となるような場合である。特定の神々や信仰からは、犬を避ける必要ありとされたのだ。たとえばイボ族の司祭の多くは、そうした規定を受けており、家屋に犬が入ってはいけないとされたし、降雨と豊収と子供をさずける重要な神オブムに仕える司祭は、犬という言葉を聞いたら食事をやめる必要があった。また雌犬を飼っていけないという地域もあった。

エウェ族の特定の人々においても、犬や猫や猿という言葉を食事中に聞いてはならなかった。同様にダゴムバ族では、食事しているところを犬に見られるのを好まなかったが、それは犬が死の起源神話で果たす致命的な役割によるものと考えられている。またエウェ族とアカン族では、木や水などに宿る神々はしばしば犬に敵対的であり、近づけてもいけなければ、犬供犠も捧げられず、信者たちは食べてもならなかった。その理由は、単に神が犬を「嫌う」からと言われていた。

トーテム獣と文化英雄

犬とならんでタブーとされることが多かったのは、豚、山羊、豹、山猫である。ナイジェリア北部でも特定の信仰者には似たタブーがあったし、ヨルバ族では天神オバタラの末裔とされる氏族には、ヤシ酒と犬と山羊が禁じられた。犬を〈トーテム〉つまり族祖とする多くの氏族でも、当然ながら犬肉はタブーであった。シムーンズはここに、アフリカにおける犬忌避の重要なファクターを見てとっている。

先述したように、東アフリカでは一般に犬を食べることは想像もできないことだったが、西アフリカでは犬を食べない人々も、そうした習慣があることは知っていた。そのため西には、東にはない詳しいタブーの理由づけが存在する。東アフリカでは、農耕を行う近隣民族により犬肉食の慣習を知った人々は、それを自分たちが喰わないのは不浄のため、という理由を一般に挙げてきたが、この理由付けは西アフリカにはほとんど知られていない。

バナ族のように、犬は人糞を食うから嫌だ、というような人々もいるが、一般には別の理由付け、たとえば犬肉は人肉に似ているから、と言われてきたのであり、それゆえにこれを食べる隣人たちを軽蔑してきた。これについて興味深いエピソードがある。バヤンジ族は人肉を食べたが、バペンデ族は食べなかった。あるとき前者が後者に言った、「お前たちバペンデは、犬を殺して食うじゃないか」。これに後者は「お前らバヤンジこそ、人を食うじゃないか」と反論した。するとバヤンジは激昂して、「戦争で殺した敵を食うのはいいことだ。そうして当然じゃないか。だけど友を食べるなんて、まともな人間のすることじゃない。お前らバペンデは、人間の最大の友である犬を食うなんて」と言ったというのである。

この会話は、西アフリカにおける犬肉食の禁止が、東アフリカとは正反対の態度に発していることを明らかに示している。東では不浄ということで食されなかったのに対し、西では人間が犬に対して感ずる敬意と友情から、なのである。この敬意は、神話において犬が果たす役割に根源をもつ。たとえばボンゴ族では、カニバリズムと犬食の両方を嫌っていたが、ここでは犬は文化英雄、つまり文化要素を人間のもとにもたらしたと神話中で語られる存在だった。ダホメでは犬肉タブーの理由を、かつてある男を怪物から救った犬の物語から説明する。この男は王のもとへ来て一部始終を語った。すると王は、犬は人間と切り離すことのできない友であるから、豚や山羊と同じく、犬の肉を食べてはならないと命じたという。

バクバ族には、ウッソッッソスという男の伝承がある。彼は妊娠中の妻のため、森へサツマイモを掘りに行った。するとサツマイモは、自分を殺せばお前も死ぬと言う。男はサツマイモと戦った後、村へ逃げ帰ったところ、もう子供が産まれていた。妻に出来事を話したところ、彼女は死んでしまった。絶望のあまり彼がその話を嬰児にすると、その子も死んだ。次に集まってきた村の女たちにこのことを話した後、彼は自殺した。これを犬は聞いていた。すると犬の左目と右耳が死んだ。ウッソッソスとその妻子を葬る者はいなかった。そこで犬がやって来て、ウッソッソスと妻子を葬った。村の人々はそれを見て、「あれは犬じゃない」と言い、それ以来バクバ族は犬を食べないという。

またナイジェリアのクウォット族は、犬は火をもたらした文化英雄だというので、特定の供犠以外のときは犬を食べなかった。これらの事例から、犬食と文化英雄としての犬崇拝は、二つの異なる文化層に属するものとは見なせない。つまり、犬を食べる地域と犬を文化英雄とする神話をもつ地域とは、大幅に重なるからである。つまり犬を食べる人々の多くは、犬を文化英雄として敬ってもきたのだ。ここに、アフリカにおける犬肉食の両義性が存在する、とフランクは結論している。以上、フランクとシムーンズにもとづいてアフリカの食犬文化を見てきた。単なる偏見や好奇心で片づけることのできない、奥の深いテーマであることが、改めて実感されるのではなかろうか。

中国の犬食い史

さて東アジアに目を転じると、中国漢族の犬食い史は衰退の歴史である。初めそれが盛んになったのは春秋戦国のころで、各都市国家周辺の可耕地がほとんど開拓し尽くされたことと関連づける見方もある。これにより飼育に広い場所を必要とする牛や羊の肉を食べることが少なくなり、それに代わって狭い場所で、人間の排泄物や食べ残しで飼育できる豚や犬が蛋白源としての重要性を増した、というのだ[70]。

以後、漢代ごろまで犬肉は高級食材・祭祀用肉の地位を保ったらしい。宮廷には犬を飼育する専門職が設けられたし、高祖劉邦麾下の猛将樊噲がもと「狗屠」、つまり犬の屠殺業者であったことは有名だ。民間でそうした職業が成り立つほど需要があったわけである。ところが六朝前後から犬への態度が変化し、唐代にはその調理法は忘れられ、宋・元代にこの流れがいっそう進行した。桂小蘭『古代中国の犬文化』によれば、もっとも好まれた肉は春秋戦国から秦・漢・魏までは犬、隋・唐・宋・元においては羊、明・清では豚だったという[71]。「羊頭狗肉」、あるいはそれと同義の「羊（または牛）頭馬脯」といった諺も、こうした肉食哀史から理解できよう。

こうした変化はなぜ起きたのか？　さまざまな要因が絡んでいるが、支配民族の生業と価値観が大きく作用したらしい。張競（ちょうきょう）『中華料理の文化史』は、鮮卑（せんぴ）族・突厥（テュルク）族・モンゴル族といった遊牧民、さらに狩猟民にとっては犬が友であり、また祖先を狼とする伝説も有していたため、犬を大切にし、その食用を憚る観念が強まったという[72]。

事実、中国の北方・西方に居住する狩猟・漁撈民や牧畜民のもとでは、犬肉食はきわめて例外的である。ツィンマーマン『北ユーラシア諸民族の経済・観念・習俗における犬』やアイトリッツ『環北極地域の食と非常食』を見ても、この地域の漁猟民においては牽引獣・猟犬・番犬としての役割が重要で、犬の皮革を利用する民族は少なくないものの、非常時以外に食用にする例は、ほぼニヴヒ（ギリヤーク）族【図1】に限られていた。すなわち、アムール川下流域からサハリン島に居住する彼らは犬に魚を餌として与え、魚の匂いがする犬肉を好んで食していたという。ツィンマーマンはこれを漢族からの影響かと疑っており、さらにニヴヒの食犬習俗が隣住するアイヌに及んだと見ている[73]。

蒙古については一三世紀の旅行者たちが犬肉食を記録している。すなわちカルピニは彼らについて「犬・狼・狐・馬を食べ、必要に駆られれば、人肉をさえ常食にする[74]」と言い、マルコ・ポーロも「馬肉、狗肉より以下およそ肉類ならなんでも彼らの食用に供せられる[75]」と述べている。しかし恐らくこれは誤解であり、その後の文献はまったく犬食いに触れていない。それどころか一九世紀初頭にこの地を旅したベルクマンは、モンゴル人が犬

図1　ニヴヒ（ギリヤーク）族の男たちと犬たち（Karutz 1925: 35）

を神聖視すること、インド人にとっての牛のごときであると記しているのだ。[76] 元代も同様であったと考えられる。

仏教や道教も反肉食に一役買った。北宋・徽宗（きそう）の崇寧初年（一一〇二）、有名な犬の殺生禁止令が出された。これは直截には、徽宗の生年が戌であることを理由に佞臣（ねいしん）が進言し、おかげで京師の狗屠たちがとばっちりを食ったわけだが、道教思想からの影響も指摘されている。[77] なお、この史実は江戸の文人たちにも知られており、国学者の天野信景（さだかげ）はこれに触れて「前将軍家御在世の御時厳命有しと同日の談にや」（『塩尻』巻三三）と皮肉気味に犬公方と比較している。

また中国では犬肉の薬効も信じられてきた。陰陽五行では豚が陰畜とされるのに対し犬は陽畜に属して身体を暖める効能をもち、男性の強壮剤、女性の不妊の妙薬とも見られてきた。これは台湾の香肉観念にも一部引き継がれている。また犬の毛色としては黄、白、黒の順によいとされており、黄犬(赤犬)を最上とする考えは日本にも伝わった。[78]

西洋の犬食い(キュノファゴイ)史

面白いことには洋の東西に、奇しくも同様の観念が知られていた。ペーター・ダンナーの「犬食い――先史・古代の犬肉食」[79]は欧州を中心に関連事例を集成した好論文で、いろいろな資料が引かれている。

たとえば今みた薬用効果については、前五―四世紀ギリシャのヒポクラテスも認めており、その著書には不妊症対策もふくめ、犬肉の効用が数多く見られるほか、「犬肉は体を熱くし乾かし力強くし、通じはつけない。子犬の肉は体を湿らせ通じをつける」(『食餌法について』第二巻、近藤均訳)と述べており、東アジアと共通の見方が示されていた。

医聖と同時代人のアリストパネスには『騎士』という喜劇作品があり、猥雑な駄洒落を多用しつつ時事諷刺が展開される。その終盤、小アジア・黒海南岸パプラゴニア地方出身の男との口汚い罵倒合戦で勝利したソーセージ屋が、相手をどうするつもりかと問わ

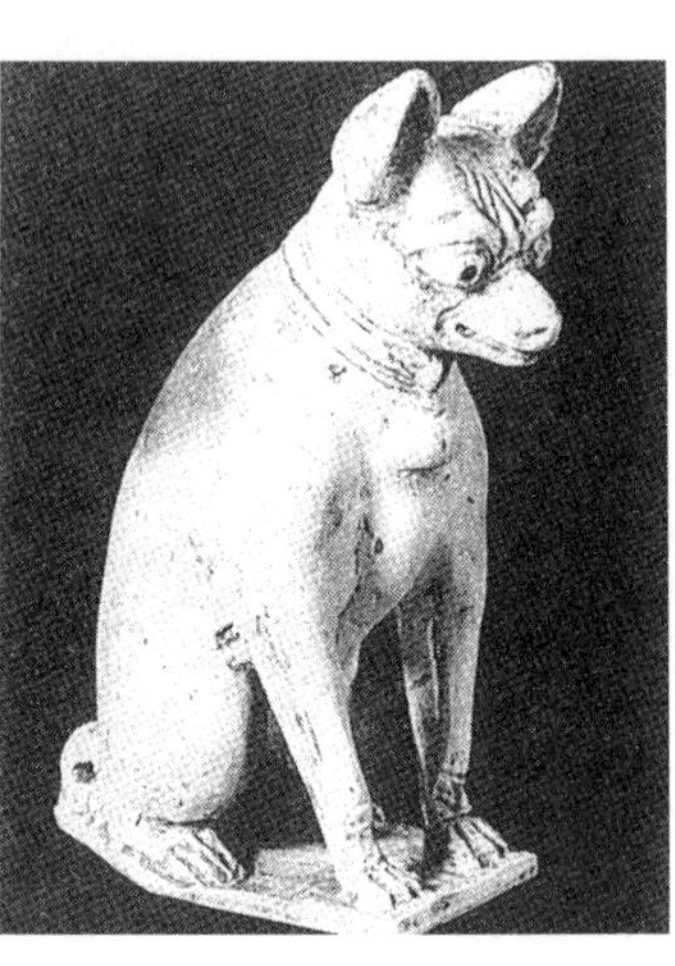

図2　ローマの犬のテラコッタ。
レンツブルクのブルクハルデ博物館蔵
（Benecke 1994: 221）

れ応じた台詞に、「なあに、大したことをするつもりはありません。わたしの商売をやらせますよ。都門の傍(わき)で独りぼっち、犬の肉と驢馬の肉を混ぜながら、腸詰を売らせます。酔払っちゃあ、淫売どもと喧嘩したり、風呂の流し水を飲んだりさせてやりますよ」（松平千秋訳）と見える。ソーセージ・腸詰と訳されている原語はアッラース（ἀλλᾶς）で、普通は豚や牛を用いたらしいが、港町など下層地区では犬（や驢馬）も使われたのだろう。[80] まさに羊頭狗肉・牛頭馬脯のギリシャ版である。

ローマで犬は供犠(くぎ)はされても常食ではなかったらしいが[81]【図2】、欧州の一部では意外にも、犬肉食が二〇世紀まで続いてきた。[82] 動物学・経済民族学者のハーンは一八九六年の著書で「我々（欧州人）の間にも医学的理由なく犬の焼肉を賞翫する愛好者がおり、我々の産業発展は家内工業地区における多数の労働者大衆をして、犬を唯一の食肉源とするまで落伍せしめた[83]」と嘆いているのである。

日本の犬食い史

日本の食犬史はどうであろうか？　縄文時代の犬は大部分埋葬されていることや、狩猟採集に重きを置く社会では犬食が忌避される世界的傾向から見ても、本格的な犬肉食は弥生時代から始まったのだろう。[84]　その後、仏教や神道の殺生禁忌により肉食は歴史から消えたと思われがちだが、実際には中世・近世にも肉が意外に食用とされ、中には犬も含まれていた。[85]　今も東北各地では、かつて犬を捕食した話を古老から聞くことがある。[86]　しかし資料が比較的多く残っているのは南九州から南西諸島で、沖縄では一九五〇年ごろまで犬肉が広く食べられていたという。[87]

幕末の奄美について記した名越左源太（なごやさげんた）『南島雑話』によると「犬の賞翫（しょうがん）するもの、第一に人糞（じんぷん）なり。童子の大便、犬を呼で食はするなり。呼声（よぶこえ）ワヱ〳〵と云へば、忽ち来て賞味し、童子糞穴も其犬嘗（なめ）て始末をよくす。……此島犬を食ふ事を賞翫す。病死の犬さへ間々食ふを見たり。毒に当らんも強運と思へり」[88]。犬が人の排泄物を食うことを、私もラオス山地カム族の村でまざまざと体験した。茂みの中で用を足そうとするところへ、放し飼いの犬と豚が嬉々としてついて来るのである。犬と豚は村の残飯に加え人糞も処理してきたわけだ。

実態のよく分からないのが、薩摩の「えのころ飯」である。大田南畝の『一話一言』には「薩摩にては、狗の子をとらへて腹を裂き、臓腑をとり出し、其跡をよく〳〵水にて洗ひすまして後、米をかしぎて腹内へ入納、針金にて堅くくゝりをして其まゝ竈の焚火に押入焼なり、初は焼け兼ぬるやうなれども、暫く有れば狗の膏火に和して、よく焚て真黒になる。其時引き出して針金をとき、腹を明け見れば、納置きたる米よくむして飯となり、其色黄赤なり、それをそば切料理にて、汁をかけて食す、味甚美なりとぞ。是を方言にはゑのころ飯といふよし、高貴の人食するのみならず、薩摩侯へも進む、但侯の食に充るは、赤犬斗を用る事といへり[89]」(補遺巻三)と奇抜な調理法が見えている。いったい、これは本当の話だろうか?

気になるのは、インド東北部アッサムからミャンマー国境近くのマニプル、さらにバングラデシュのチッタゴン丘陵にかけてのチベット・ビルマ系諸族にあったという、米を詰物のように用いた炙り犬料理である。英国行政官たちによる一九世紀末から二〇世紀初頭の報告にしばしば出てくる。たとえばホドソンによると「飢えた子犬を選び、食える限りの米を食わせて寝入らせてしまう。頭部を叩き、脚は棒に縛って火中で炙り、数分ばかりで出して切り開き、米を取り出すとすぐ食用に供せる完璧な状態になっている[90]」。彼は

「最も美味」とされるこの料理を「誰も見たことがない」とも書いているが、他書にも複数見えている。たとえばハンター『アッサム統計報告』によると、「米を詰め物にした犬は、ガロ族の好物料理だと言われ[91]」、チン系クミ族につきレウィン『南東インドの諸蛮族』は、「彼らの好む祭宴料理は、米を詰め物にした犬である。調理の半時間ばかり前、子犬にたっぷり炊いた米を食わせ、満腹させると頭を叩き、皮を剝いで炙る。胃の中に残った米は犬肉と相まって美味である。人の食欲と才覚は、間違いなく同じ砥石で研ぎすまされるのだろう」という[92]。これらの記録から考えると、かつてこうしたメニューが恐らく実在したのだろう。

薩摩の「えのころ飯」は、ことによると東南アジア古層の料理文化に連なるものかもしれない。

食タブーとはなにか

人はなぜ、無限とも言える可食域の中にあえて不可食の領域を設け、タブーとしたり禁止したりするのか？　こうした食の禁忌・タブーの研究はアンドレーやシュルツ、フレイザーなどにより始められたが、今では大きく見て二つの立場があると言えよう。キーワードは自然か文化か、である。

人間も「自然」界の一部、動物の一員であり、その生命活動を全体として見れば功利的規準に則っているというのが前者であり、労力（コスト）（飼育・屠殺）に見合った利益（ベネフィット）（蛋白質）が得られないなら、その獣肉は食べないということになる。例えばヒンズー教で聖なる牛を食べないのは、農耕に用いたほうが有益だったからだという。これは米国の人類学者ハリス[93]に代表される文化唯物論（カルチュラル・マテリアリズム）と呼ばれる立場だ。

他方「文化」を重視するシムーンズ[94]は、人間の行動は複雑であり功利性のみで割り切れるものではないと主張する。宗教的戒律、象徴的意味づけ、自他集団のアイデンティティ、などさまざまな要素が獣肉をふくむ食行動の根底に横たわっているのであり、ヒンズー教の聖牛について言えば、仏教との対立の中で自らを寛容と非暴力の宗教と位置づける闘争戦略という社会・文化的側面が重視されている。

恐らくこの両者は、どちらもある程度まで正しい。いやむしろ、次元の異なる問題と言ったほうがよさそうだ。「自然」環境の内に生きていながら、宦官や断食といった「文化」を創出し、自殺という特殊な行為もするのが人間である。無論これらもすべて「利己的遺伝子」の仕業と見れば見なせなくもないが、まあ一般論をしても始まらない。我々のテーマに基づき、具体的に考えてみよう。

太平洋の家畜エコロジー

紀元前四―三〇〇〇年紀、中国南部・東南アジア大陸部の農耕民らが海へ乗り出し、長期にわたるいくつもの波によって、太平洋の島々へたどり着くことになった。オーストロネシア語族と呼ばれる彼らは当時、犬・豚・鶏という三種の家畜をもっており、これらをボートに同乗させて移動した【図3】。しかしすべての島にこれら三種が揃ったわけではない。オセアニアの人々がヨーロッパ人と初めて接触した一八世紀後半ごろ、例えばサモアやソシエテ、ハワイといった島々には件（くだん）の家畜トリオが見出されたが、トンガやマルケサスには犬がおらず、ニュージーランドには犬だけ、イースター島には鶏だけという状態だった。[95]

このうち犬と豚は、先述のように村の掃除屋としても人の蛋白源としても、大いに活躍したはずだ。しかしベイ＝ピーターセンが指摘するように、彼らは食料資源をめぐって人間と競合関係にもあった。なぜなら豚や犬は雑食性で、イモやパン果や魚など人と同じ物を餌にするからである。このため、比較的サイズの大きな島であれば海産物に蛋白源を頼れたのでましだったが、小さな島では犬や豚が消失する事態が起きた。飼育コストがかか

図3　ソシエテ諸島の「ティパエルア」と呼ばれるダブル・カヌー。犬が座っている。クックの第一次航海に同行したパーキンソンが描いたもの（Titcomb 1969）

りすぎ、集団間の争奪戦などを経て食い尽くされたのだ。

豚は多くの島で欧州豚が新たに導入されたが犬は貴重品となり、儀礼食としてのみ用いられることになってゆく。[96] サモアで犬は高位の神々に捧げられる聖獣とされ、その食用がタブーとされていた理由も、[97] ひょっとすると同様かもしれない。サモアの初期遺跡は内陸も含め島内全体に均等に分布していたのに、一八四〇年には人口の九六％が海岸から一マイル以内に居住していた。これは蛋白源における犬や豚の占める割合が低下し、海産資源の割合が増大したためと考えられている。[98]

二〇世紀半ばのサモアでは、犬肉食へ

の蔑視が顕著に強くなっていた[99]。これには欧州人による偏見も作用したろうが[100]、かつての神聖視の裏返しとも見なせよう。宗教的・世俗的な食タブーはこのように、生態学的ファクター、蛋白質摂取をめぐる自然環境因から説明できる場合もあるわけだ。

敬うから食べる、食べない？

他方、文化・社会的要因も食タブーと密接に関わっている。中でも宗教の拘束力は大きい。ゾロアスター教はとり立ててタブー食を規定しなかったが、犬は神聖視され虐待や屠殺が禁じられていた。熱心な信奉者であったペルシャ王ダレイオス一世が前五世紀、「人間の犠牲を供えたり、犬の肉を食べたりすることを」[101]カルタゴのポェニ人に禁じたというのは有名である。

これとは逆で、崇拝するが故に犬を食べてきた民族も少なくない。一五世紀前半、ペルーのハウハ地方に住んでいたワンカ族は好戦的で、戦闘捕虜の生皮を剥ぎ戦勝記念品として神殿に並べたともいうが、彼らはまた「イヌの像を神として崇拝し、神殿にそれを偶像として祀っていた。そして、イヌの肉をこの上ない御馳走として賞味していた……この部族がイヌの肉を賞味することに見せた異常な熱意ゆえに、今日なお、すたれていない異名が与えられたが、それは、ワンカ族の名を口にする時には必ず添えられる『犬喰い』というあだ名である」[102]。ただしアンデス地方ではモルモットが重要な蛋白源だったこともあり、この犬食は孤立的事例である。[103]

組織宗教の食タブーは、犬喰い文化を大きく衰退させた。南・東南・東アジアではヒンズー教と仏教が、西南アジア、北・北西アフリカ、インドネシア、ヨーロッパなどではイスラームとユダヤ＝キリスト教がその担い手となり、一般に犬は汚穢・不浄と結び付けられた。

同一民族の中に犬を食うとされる集団がいる場合、その由来が神話により語られることもある。エチオピア南部バカ族のマンニという職人集団は「穢れたもの」を食べるとされ、「バカ族の見解では、もともとマンニはいなかった。伝説上の初代王セルセル治下、その他の集団と分裂するに至ったのだ。……セルセルは中型の鍋で羊肉を煮、次に大鍋で犬肉を煮た。そして人民全員を呼び、いずれかの鍋を選ばせた。インディ集団の氏族は肉に目がなく、もちろん犬肉を選んだ。しかし大多数は羊肉を選んだ。そこでセルセルは、犬肉を食べた者たちはマンニとなり、あらゆる穢れた仕事をすべしと言った」[104]。

このように、食物を区別することは人間集団を区別することにつながる。アンドレーが述べたように、「ある民族を他の民族と切り離し、他者との混淆から防ぐには、食物禁忌による以上に容易な手段はあり得なかった」のである。[105]

民族や職業グループのほか、性別や年齢により許されない食というのもある。犬肉について言えば、世界的に男性の食べ物とされるケースが圧倒的に多く、女性が食べることはタブーとされるところも多かった。たとえばスマトラ島のトバ・バタック族では、もし女性がこれを口にすると夫に対し生意気で反抗的になるというので禁止されていた。そして女が犬肉を食べると頭に潰瘍ができ、髪を切らなきゃいけなくなるぞと脅かされていた。しかし男性には食犬が推奨されており、昔は戦士たちが敵中へ進軍する前に食べたものだった。その際には猛犬のごとく敵陣を襲えるようにと、なるたけ気が荒く咬み癖のある犬を殺したのである。[106] こうした犬肉と男らしさの結合は、中国・朝鮮など東アジアにも存在した。

喰われる犬、飼われる犬

喰われる犬と飼われる犬――喰われず飼い続けられる犬――の境界は、実はかように曖昧だ。崇敬ゆえに食べられたり、穢れていると言って避けられたり、数が減ったら大事にされたり、権力者の一言でちやほやされたりと、犬にとっては迷惑千万な話だろう。そもそも犬は、食用として家畜化されたという説もあるほどだし、[107] 猟犬、番犬、愛玩犬、野犬などとして、ヒトと最も身近に暮らしてきた動物の一つであることは疑えない。[108]

犬を食べてきた人々が、別に犬嫌いなわけでないことは明らかだ。ポリネシアやメラネシアの女性たちは、子犬や子豚に自ら授乳することも少なくなかった。[109] シムーンズによれば、これには（一）単に動物が可愛いから、（二）母乳を与えることで肉を柔らかく美味にするため、（三）母乳が余った場合の不快感を解消するため、といった理由があったらしいが、いずれにせよ残虐性と犬肉食を直結させるのは誤りだ。むしろ「食べちゃいたいほど可愛い」者を「骨まで愛し」ただけのことかもしれないのである。

一九八八年のソウル五輪、二〇〇八年の北京五輪を契機として、両国では犬肉料理をめぐる論争が盛んになった[110]【図4】。ベトナムでも男性性の象徴としての犬肉食が活発化している一方、[111] 広西チワン族自治区の「犬肉祭」では大きな反対運動も起きた。[112] 同様の構図は、鯨肉や人肉についてもあてはまりうる。食は生理的行為である以上にアイデンティティと結合し、強い情緒的反応を引き起すのである。動物愛護を訴える側と、ナショナリズムとも結びつきながら伝統尊重を訴える側の対立――これは犬肉史上、世界各地で繰り広げられてきた悲喜劇の最新の一幕とも言える。ここで述べてきたことが、事態を少しでも客観的に見つめ直す一助になればと願いたい。

犬肉料理 論争再び

韓国 ネット販売が引き金

【ソウル＝竹腰雅彦】夏ばて予防のスタミナ料理として、韓国人に人気があるのは犬肉。しかし、犬肉を取り扱う初のネット販売サイトが国内の猛反対にあって、今月、閉鎖に追い込まれた。これを機に「犬肉論争」が再燃している。

ネット販売サイトは、代表的な犬肉スープ料理「補身湯（ポシンタン）」にちなんだ「補身ドットコム」。4月、新ビジネスとして登場し、数百㌘から1頭分までの犬肉の注文販売を始めた。

ソウル南方・城南市の犬肉市場近くで抗議行動を行う動物愛護団体のメンバー（8日、ロイター）

「食文化だ」「先進国になれない」

韓国では、1988年のソウル五輪の際、国際的な批判に配慮する形で、犬肉料理店は表通りから排除された。その後も、愛好者に根強い人気があり、韓国メディアによると、年間約200万頭が消費されるほどだが、犬肉を取り扱う店は裏通りにしかなかった。

このため、犬肉が大量消費される夏場を迎え、新サイトの存在が知れ渡ると注文は増えたが、「国のイメージを損なう動物虐待を許すな」といった抗議も、ネット運営業者や管轄する自治体に殺到。業者は、7月初め、一応、自主的に販売中止に踏み切った。

混乱の背景には、犬肉が韓国の食品衛生法や販売上の法規から漏れた「あいまいな存在」（中央日報紙）ということがある。犬肉を食品として管理するための法改正は、以前から求められているが、動物愛護団体など反対派の圧力で実現していない。犬肉愛好家と反対派の板挟みとなって、行政は身動きできない。

「なぜ違法でないのに他人の商売に干渉するのか」「食文化だから守れといっても、（犬を食べていては）韓国は先進国になれない」

同サイトの掲示板では、擁護派、反対派の激論が毎日のように続く。韓国伝統文化学校の崔公鎬教授は、両派の主張を眺めながら「食べたい人は食べ、食べない人は食べない。結局、それぞれの嗜好の問題で、是非を論議することは不毛」と論じる。

物議を醸した当のネット業者は、今後も電話販売に転じようとするなど、その商魂はたくましい。

図4　韓国における犬肉食論争を報じる記事（『読売新聞』2007年7月13日付）

注

＊45　アムンセン　一九九〇：二五八—二六〇。中公文庫に入った『南極点征服』（アムンゼン　二〇〇二：一二四—一二五）では、詳細な描写は省かれている。

＊46　犬肉食に対するこうした反応の差は、他の地域からも記録されている。

たとえばタイ北部の山地少数民族の間では、アカ族が犬食で有名だ。「食用として彼らが一番好きなのは、何と犬の肉である。犬を食べるのは、山岳民族の中でもアカ族だけである」（カノミ　一九八二：二五三）。

隣接して住むラフ族では、人間の祖先が犬の乳で養われたという神話があり（ロムルス・レムス！）犬を食べない。「どういうわけかアカの人々は道ばたで犬に吠えつかれることが多い。ラフの村にアカの人が訪ねてきても例外なく村中の犬が吠えるのだが、村人たちはそれを見ては『ほらほら仲間の仇討ちだ』と言ってげらげら笑っている。とはいえ、これだけ近くに住んでいるとお互いの食習慣が多少はうつる。実際にラフのなかでもアカの影響で犬を食べる人もいるのであるから、神話上の禁止規定はあくまで建前である。すべての人が犬肉を忌み嫌っているわけではない」（チャレ[Kyaleh]［一九九四］：九二）。

同様に、隣接する民族間で、犬肉の嗜好と禁忌が（表向き）はっきり分かれるケースは少なくない。たとえばセラム島ヌアウル族では犬を食べることはないが、それはアンボン族とは対照的なのである（Ellen 1993:41）。

＊47　ただし、今も台湾の某地方では犬肉料理が盛んだという情報を得た。近い将来、調査に訪れたく思っている。

＊48　劉（Liu）一九八九下：六七二。

＊49　東方　一九四二：一九—二〇。

＊50　桂二〇〇五：六。

＊51　佐倉　二〇〇九：一七一。

＊52　東方　一九四二：二〇。

＊53　桂二〇〇五：六〇、凌（Ling）［一九五七］：六六五、六七九。

＊54　林一九九六：一三七—一三八。

＊55　野林　二〇〇四：一三六—一三。

＊56　張競［一九九七］：一三一。現代中国の犬肉食については、西谷　二〇〇一：六二—七四。

＊57　潘（Pan）一九九六：二四六も参照。平埔族の地名については張（Chang）耀錡『臺灣平埔族社名研究』（［一九五一］）を参照。

＊58　小島／安原／小林　一九二二：三七六。なおChen 1968:33も参照。

＊59　瀬川　一九五三：六五。

＊60　黄（Huang）一九九八：六七、九六。

＊61　Simoons 1961: 91-105, 175-182; 1994: 200-252, 397-416, 邦訳：二八七―三六四、七六―九九。
＊62　Termer 1957: 18-21.
＊63　Harris [1985]: 186, 邦訳：二六二。
＊64　Latocha 1982: 124.
＊65　Frank 1965: 47-77.
＊66　Simoons 1981, 1996.
＊67　シムーンズ（一九二二年生まれ）の「サハラ以南アフリカにおけるヒトの犬肉食」が『食物と栄養のエコロジー』誌に発表された後、フランク（一九三六年生まれ）は同誌編集者に手紙を出し、シムーンズの議論はほとんど自分がすでに採り上げた内容であって、脚注で言及するだけでなく、しかるべき先行研究として自分の著書を評価すべきだと批判した（Frank 2001）。シムーンズはこれに答え、自分は他人の研究からではなく、民族誌の記述自体から自らの頭で考えたかったのだ、と弁明（Simoons 2001）。フランクはこのやり取りがあった後、二〇〇四年に病没した。
＊68　イスラームが犬に不浄性を付与したのは、犬を神聖視するゾロアスター教への対抗戦略だったとの見方もある（Simoons 1981: 257, 1996: 270）。
＊69　とはいえ、犬肉を試してみて美味しいと感想を述べたヨーロッパ人も少なくない。たとえばキャプテン・クックはローストした犬の脚を、マトンになぞらえている（Simoons 1981: 260）。

＊70　大林／生田 一九九七：七四。
＊71　桂 二〇〇五：二六。
＊72　張［一九九七］：一二二―一一三。
＊73　Zimmermann 1931: 86-94, Eidlitz 1969: 135-136.
＊74　護（訳）一九六五：二一。
＊75　ポーロ 二〇〇〇、一：二一五。
＊76　Takamiya 1978: 60.
＊77　桂 二〇〇五：三三二―三三三。
＊78　以上、桂 二〇〇五：一三九―一四八。
＊79　Danner 2003.
＊80　Danner 2003: 86.
＊81　Danner 2003: 87, Simoons 1994: 238, 邦訳：三四三。
＊82　Danner 2003: 97, Simoons 1994: 239-240, 邦訳：三四四―三四五。
＊83　Hahn 1896: 45.
＊84　西本（編）二〇〇八。
＊85　松井 二〇〇五、原田［一九九三］。
＊86　このほか日本の食犬資料については、奥村 一九〇〇、近藤 一九七六：一五四―一五五、桂 二〇〇五：一一二―一一五、今村二〇一〇：一一三―一一六、二四五―二四六、仁科 二〇一六：九七―一一一、二五一。
＊87　新城 二〇一〇：一〇八。
＊88　名越 一九八四、一：一四五―一四六。付注（国分

直一・恵良宏）には、「犬を食うことを賞翫したのは、奄美大島に限らない。広く南島一帯の食習であったものであろう。八重山群島の西表島では現在でも食用すると聞いた。近世の薩摩でも赤犬を食したという。バシー海峡のバタン島でも食用している」とある（一六五頁）。

＊89 ほぼ同文が、太田南畝すなわち蜀山人の知友だった津村淙庵の随筆『譚海』巻八にも載っている。

＊90 Hodson 1911: 60.

＊91 Hunter 1879: 150.

＊92 Lewin 1870: 230.

＊93 Harris [1985].

＊94 Simoons 1994.

＊95 Urban 1961: 44.

＊96 Urban 1961: 111-112.

＊97 Urban 1961: 114.

＊98 Bay-Petersen 1983: 123.

＊99 Titcomb 1969: 36.

＊100 Urban 1961: 111.

＊101 ポンペイウス・トログス 一九九八：二七四。

＊102 インカ・ガルシラーソ・デ・ラ・ベーガ 一九八六：四〇—四一。

＊103 Termer 1957: 21, Latocha 1982: 124.

＊104 Jensen (Hrsg.) 1959: 59, Frank 1965: 67-68.

＊105 Andree 1878: 119.

＊106 Kruyt 1937: 538-539.

＊107 Simoons 1996: 251.

＊108 北海道立北方民族博物館 一九九八、Schnickmann 2009.

＊109 Simoons & Baldwin 1982, Milliet 1987.

＊110 土佐 二〇一二も参照。

＊111 Avieli 2011.

＊112 金 二〇一四、二〇一五a、b。

第三章

土喰う人々と儀礼性

土のフルコース

その日私は東京五反田のフレンチレストラン、ヌキテパ（Ne Quittez Pas）を訪れた。知る人ぞ知る、土のフルコースを出してくれるお店である。日の暮れた坂道の途中に、その店はあった。階段をのぼり、ドアを開けると瀟洒な雰囲気。土のことを知らなければ（いや知っていても）、おしゃれなフレンチである。

待ち合わせた亜紀書房編集部のお二人と、スイカのシャンパンで乾杯し、前菜のあと土料理が運ばれてくる。「海のミネラルと山のミネラル」という生牡蠣と土のジュレ、土のドレッシングのかかった山菜と蛤のサラダ、ジャガ芋の土煮、ゴボウと土のリゾット、土のスープ、土のソルベ【図5】、土のグラタン。

まさしく土、土、土である。が、土の味は全くと言っていいほど感じられない。土のソルベをなめたとき、少しだけ口の中に微細な砂のような食感が残った程度だ。シェフの田辺氏によれば、一四〇度以上のオーブンで殺菌した土を何度もお湯で煮て布で漉すので、ジャリジャリ感は残らないとか。

なぜこういう料理を思いついたのか、との質問に田辺氏は、

図5　ヌキテパの土のソルベ

「野菜は本来、土から育ちます。そこが原点です。どんな土でも、本当は食べられるんです」

　と言う。

　たしかに、土は生命の源だよなあと感心していると、「もちろん、汚染されてさえいなければですが」と同氏は付け加えた。福島原発事故の記憶も新しい今の日本では、重い一言だった。

　ともあれ、「土食べちゃいましたね」と興奮しながら、我々三人はヌキテパを後にした。これで、本書の三大いかもののうち、私が試したことのないのは人だけとなった――今後もそのつもりはないが。[113]

土食いは悪食(あくじき)か

「土を食べる」という話をすると、たいていの人はぎょっとした顔をする。しかし食土行動は、人類においても、他の動物たちにおいても、さほど突飛なことではない。

たとえば、京都大学東南アジア研究センター（現・研究所）教授を経て、京都大学農学部教授を務め、現在は名誉教授である土壌学の重鎮、久馬一剛(きゅうまかずたけ)氏の著書『土の科学』[114]を見よう。

表紙をめくると、まず目に飛び込んでくるのが、大きな丸いザルに盛られた、赤土と白土のスティック状の食品である【図6】。キャプションにはこうある。「タンザニア　妊婦が食べる土「ペンバ」。市場で売られている。天然の粘土で、赤色は酸化鉄の色（矢内）」。括弧内の矢内というのは、京都府立大学教授で、土壌学を専門とされている矢内純太氏である。今回は本書のため、矢内氏のご厚意により写真を直接ご提供いただくことができた。「ペンバ」という名称の由来はよく分からないが、後述するように、東アフリカ、ザンジバル沖合のペンバ島（Pemba）における妊娠女性の土食は有名であるから、それに基づく命名なのかもしれない。

ともあれ「いまでこそ人が土を食べるというと、奇妙な習慣、あるいは悪食の見本のように捉えがちだが、それは近代以降の見方なのである」[115]。

図6　タンザニアで妊婦が食べる土「ペンバ」（矢内純太氏提供）

このように、土喰いは現代社会でもさまざまな場所で、いろいろな状況下において行われている。

しかし、日本ではこれがきちんと研究されてこなかったため、奇異な目で見られることが多いように思う。[116]

本章では、まず土喰いの研究史をひもときつつ、その諸相をとらえたい。その際、東南アジアになるべく比重を置くことにする。その上で、生理的土喰い（physiological geophagy）と呪術宗教的土喰い（magico-religious geophagy）に分け、とりわけ後者における儀礼的文脈での土喰いに注目したい。

フンボルトが見た南米オトマク族の土食

土喰い習俗を実地で観察し、初めてヨーロッパ知識人に広く知らしめたのは、ドイツの自然科学者・博物学者アレクサンダー・フォン・フンボルト（一七六九―一八五九）である。彼は一七九九年から一八〇四年にかけ、五年間を費やした中南米探検旅行の成果を、一八〇八年に独仏両語で出版した。その中で、土を食するオトマク族について詳しく記述している。[117]

これが学界の注目を浴びたためだろうか、土喰いに関する部分は翌年、ドイツ語版から新たにフランス語訳され、地理学者マルト＝ブラン（一七七五―一八二六）の主宰する雑誌『旅行記年報』第二巻に、「土喰う人々について」と題し掲載される。[118] 後、さらに増補された記述がフンボルトの大著『新大陸赤道地方紀行』第二巻（一八一九年パリ刊）に収められた。これが現在もっとも流布しており、邦訳も存在するから、それに基づいて概要を見てみよう。

フンボルトは一八〇〇年六月、南米オリノコ川流域のオトマク族[119]のもとで、次のような観察をした。キリスト教宣教師のいる、ウルアナ（ウルワナ）という布教村（教化村）での出来事だ。彼の記述を要約しながら紹介しよう。

フンボルトによると、布教村に居住するオトマコ族という「獣同然の小部族」には、「実に驚くべき生理学的現象」が見られた。「オトマコ族は土を食べるのである。つまり彼らは何カ月もの間、毎日、大変な分量の土を呑み込んで飢えをしのぎ、健康を損ねることもない」。この事実を彼はヨーロッパで発表したところ、激しい異議申し立てを受けたが、彼はその目で見たのである。すなわちフンボルトは、

ウルアナには一日しか留まることができなかったとはいえ、「ポヤ」（つまり土の団子）の作り方を教えてもらったり、原住民が蓄えていた備蓄食糧を調べたり、彼らが二四時間に呑み込む土の量を計測するためには、その短い時間でも十分であった。しかしオトマコ族は、オリノコ川流域で粘土を食物と考えている唯一の民族ではない。このような常軌を逸した食欲の痕跡はグアモ族にも見られ、メタ川とアプレ川の両流入点の間では「土食〔géophagie〕」をかつては実践していたものとして皆が話題にするのである。

ウルアナの住民は、農耕文化に対してきわめて強い倦厭の情を抱いており、ほぼ狩猟と漁撈によってのみ生活していた。ふだんは魚やカメを食用とし、水面に現れた魚を矢で射

抜き、驚くほど機敏に魚を殺す術も有していた。ところがオリノコ川が周期的に増水する期間は、水深を増した河川で魚を獲ることが困難なため、魚取りはほぼ完全に中断される。

オトマコ族が途方もない量の土を呑み込むのは、二ないし三カ月続くこの洪水の期間である。小屋の中には、土団子がピラミッド状に積み上げられて、高さ三ないし四ピエ〔一ピエは〇・三二五メートル〕の小山をいくつも作っていた。団子は直径が五から六プース〔一プースは二・七一センチ〕あった。彼らが食べる土は、ごくきめの細かい、とてもねっとりとした粘土であり、灰黄色をしている。軽く火にあぶってあるので、硬くなった外皮は、酸化鉄を含むために、赤に近い色合いを帯びている。

フンボルトは「インディオにとっては冬の備蓄食料となる」この土を蒐集して持ち帰った。そして化学者のヴォークラン（Nicolas Louis Vauquelin, 一七六三―一八二九）が検査したところ、アルミナよりもシリカが豊富に含まれていること、一〇〇分の三から四の割合で石灰が入っていることが確認された。

ところで、オトマコ族は粘土なら何でも見境なく食べるわけではない。一番ねっとりとして、きめの細かい土の層、つまり沖積土を選んでいた。このことに関して、フンボルトが現地に滞在していた宣教師グミリャ（José Gumilla）に尋ねたところ、次のような回答だった。

原住民は決して「粘土を腐敗させる」ことはなく、それをトウモロコシの粉とも、カメの卵の油とも、ワニの脂身とも混ぜ合わせることはないと、回答は明快であった。私たち自身オリノコ川で、またパリに戻った後に、持ち帰った土団子を検査してみたが、油脂分であれ、デンプン質であれ、有機成分の混入は全く認められなかった。未開人は飢えを鎮めるものすべてを食物と考えるのである。したがって、川の水位が最も高くなる二カ月の間は何を食べているのかと、オリノコ川で訊ねれば、未開人は粘土質の土団子を指し示すであろう。それこそ彼らが主食と呼ぶものである。なぜならこの時期にはトカゲも、シダの根も、死んで水面に浮いている魚でさえも、まれにしか手に入らないからである。インディオが二カ月間（しかも二四時間に四分の三から四分の五リーヴル〔一リーヴルは四八九・五グラム〕の分量である）やむをえず土を食べるといっても、それ以外の時期にご馳走を食べるわけではない。魚が最も豊富である乾季でも、毎日、「ポヤ」の団子を細かくして、食物に少量の粘土を混ぜ込んでいる。さらに驚かされるのは、これほど大量の土を呑み込んでも、その間にオトマコ族がやせないことである。それどころか彼らは筋骨隆々としているのであって、腹が張っていたり、膨らんでいることは全くない。

フンボルトは以上の観察と計測を報告した上で、さらに一般的な知見を付け加えている。すなわち、「熱帯地方ではどこでも子供、女、しばしば成人男性にまで至る、きわめて多数の人々に、土を呑み込もうとする常軌を逸した、しかしほとんどあらがいがたい欲求が観察される」というのだ。では、「寒帯および温帯では土を食べる奇癖が、熱帯よりもはるかに稀になるのは、なぜであろうか。ヨーロッパでは妊娠した女性と虚弱体質の子供以外にそれが見られないのは、なぜであろうか」。こう自問したフンボルトは、次のように考えた。熱帯と温帯に観察される相違は、おびただしい皮膚からの発汗が引き起こす、胃の機能低下に由来するものに違いない、と。[120]

東南アジアの土製焼き菓子

こうしてオトマク族の土食習俗をくわしく描いた後、フンボルトは類例として、アフリカのギニア沿岸およびジャワ島の事例を挙げている。後者は、フランスの博物学者・探検家ラビヤルディエール（一七五五―一八三四）による、一七九一―九四年の航海記録である。

　スラバヤからスマランへ行く途中、四角く赤みがかった、小さく平らな粘土がいくつかの村の市場で売られているのを見て、私〔ラビヤルディエール〕は驚いた。これは現地民がタナ・アンポと呼ぶものである。私は初め、これは衣服を洗うのに使うものと想像したが、現地民がこの粘土の小片を噛むのを間もなく目撃して、こう使うものだと彼らは私に請け合った。[121]

　さらにフンボルトは、探検家・植物学者・鳥類学者ジャン＝バティスト・レシュノー（Jean-Baptiste Leschnault, 一七七三―一八二六）からの、アンポに関する私信を引用している。

　ジャワの住民がしばしば好んで食べる、赤っぽい、やや鉄分を含む粘土はまず鉄板の上に拡げられる。シナモンの皮のような小さな円錐形に丸めた後、焙るのである。この状態が「アンポ」という名前で呼ばれており、町中の市場でも買うことができる。焙煎したために特有の味がするが、水分をきわめて吸いやすい物質なので、舌に付着して、乾燥させてしまう。「アンポ」を食べるのはジャワの女性たちだけで、妊娠時か、やせようとする時に限られる。この地方では太っていないことが美貌とみなされているからである。土を食べる習慣は健康に有害である。女性は知らず知らずのうちに食欲を失い、ごく少量の食物をいやいや摂取するだけになる。やせたい、すらりとした体軀を維持したいという願望がこのような危険を冒させると同時に、「アンポ」への信頼を維持しているのである。[122]

こうした粘土製の焼き菓子は、冒頭で挙げた東アフリカのペンバもそうであろうし、東南アジアの他の地域からも知られる。後述するベトナムの例も、これに類するものと思われる。

なお、ジャワの粘土製焼き菓子の図が残っている【図7】。オランダ東インド会社で薬事長の任にあったヘックマイヤー(Hekmeyer)という人物が、一八八三年にアムステルダムで公開したものである。左隅にあるのは、自然状態の粘土の塊。右側にあるのは、焼いて丸め、チューブ状にした粘土である。真ん中には、模様のついた服を着て膝に子供を抱いた女性像がある。その右は、弾力性のある軸上に頭飾をつけた踊子。左には、犬の上に馬乗りになった子供。その他は、果実の模倣物などである。

そしてこの記事の報告者は、これらジャワ人の好物を味わってみたところ、土の匂いは

図7　ジャワの粘土製焼き菓子(Ferrand 1886: 548)

まったくなく、少し焦げ臭さがあったと、正直に告白している。ただし、第一印象に続いてやや甘い感じと軽い香りがしたので、その印象は和らげられたという。[123]

なお同様の食用土人形は、グアテマラ(聖人像)やブラジルのバカイリ族(赤色ローム製人形)、ボリビア(聖人像)からも知られる。[124]

フンボルト以後の土喰い研究

さてフンボルト以後、世界各地の土喰い習俗に関する資料を、初めて集大成したのはドイツの解剖学者・生理学者・医学史家・病理学者であったホイジンガー[125]

（一七九二—一八八三）であろう。彼はマラリアとの関連で土喰いを論じた。ほぼ同時期、同じくドイツの博物学者・動物学者・解剖学者・地質学者クリスティアーン・ゴットフリート・エーレンベルク[126]（一七九五—一八七六）は全世界から多数の土壌サンプルを集め、その組成を分析する中で、食用の土についても詳しい研究を行なった。[127]

二〇世紀に入ったころから、地域ごとの事例集成も現れはじめた。とくに、インドについてフーパーとマン[128]、南米についてギュンター・シュタール[129]、東南アジア島嶼部・オセアニアについてのベント・アネルと、アフリカおよび米大陸に渡ったアフリカ人についてのストゥーレ・ラーイェルクランツというスウェーデンの両民族学者による共著[130]が言及に値する。

これらのうち本章と特に関係が深いのは、アネルによる東南アジア島嶼部の土喰い研究だ。

地域横断的に、土喰い習俗の原理や分類に挑んだ研究としては、まずオーストリアのウィーンで活躍した民族学者リヒャルト・ラッシュ（一八六六—一九三六）による二論文[131]、またドイツの民族学者ゲオルク・ブシャン（一八六三—一九四二）の「土喰いについて」[132]がある。[133]

しかし何と言っても、いまだに古典的・総合的研究としての地位を失っていないのは、ドイツ生まれで米国で活動した東洋学者ベルトルト・ラウファー（一八七四—一九三四）のモノグラフ『土喰い』[134]である。本書は序論に続き、中国、インドシナ、マレーシア（東南アジア島嶼部）とポリネシア、メラネシアとオーストラリア、インド・ビルマ・シャム（タイ）、中央アジアとシベリア、ペルシャ人とアラブ人、アフリカ、ヨーロッパ、北アメリカ、メキシコと中央アメリカ、南アメリカについて、この習俗の事例を集めたもので、文献からの引用は詳細であるし、著者が個人的に教示を受けた一次情報も多数収められている。なお、本書の「中国」部分については、中国文学研究者である加部勇一郎氏による邦訳があり、詳細な注釈が付されていて有用である。

その後、土食のメカニズムについては自然科学からの実験や分析が盛んになったが、最新の単著として、アメリカのカリフォルニア大学・コーネル大学に籍を置き、産婦人科学を専門とするセラ・ヤングの『土がほしい』[135]がある。本書については後述したい。

飢饉など非常時における土食

ここから生理的土喰いの検討に入ろう。まずは飢饉など非常時における土食である。実のところ、ラウファー『土喰い』のうち中国の項は、多くが飢饉時の土食いで占められている。そこには「石麺」（石の小麦粉）、「観音粉」など、食用とされた土の名称が見えているが、そのうち「観音粉」は、手もとの中国語辞典にも見出される。すなわちこれは「観音土」とも言い、「飢饉の時に災害者が飢えしのぎに食べた一種の白土」である。[136] 中国からの留学生に聞いた話では、「小さいころ母親に、ちゃんと勉強しないと大きくなって仕事につけず、観音土を食べる羽目になるよ」と言われたという。

またこれらは、加部氏も指摘するように、近江で活動した鉱物学者・木内石亭（一七二四—一八〇八）の『雲根志』（一七七三—一八〇一年刊）にも記されている。「石麺」・「石麪」は省略し、次に同書三編巻之二「観音粉」の記述のみ挙げよう。

観音粉漢名なり。和名なし。形状白米粉のごとし。常にはこれなし。飢饉の時石上に吹き出して飢民を救うの神物なり。天明四年二月中旬より奥州仙台気仙郡鬼首山の大石上に吹き出だす。飢民これを取り喰うて飢を助かる者数千人、しだいに取り喰う者多ければ吹き出だすことも日々多く、後は近村数箇村より取り喰う。一日に何十石という量なりと。後七八月、米穀下直になるに随いて吹き出すこと少なしと。[137]……

これによれば、天明四年（一七八四）の大飢饉に際して、宮城県気仙郡（正しくは玉造郡）鬼首山から食用となる「観音粉」が吹き出し、近在の人々を救ったが、米が安値になるにつれ

てその量が減少したというのである。

さらに仙台藩の医師・遊佐東庵（一八〇二―一九一二）らが記した「救饑製食方集書」（一八二六年）は後に、農業経済学者・小野武夫（一八八三―一九四九）編纂の『日本近世饑饉志』に収められた。それには「救荒製土并用方」として次のようにある。

其土地にすぐれてよき土、願くはへなといひ、又はねば土といひ、ねばりつよきを、桶半分水十分入、朝よくかき立、かたまりなきやうにして置、夕方おとみたる上水（うはみず）をしたむ事二日にして、水を入かきまはし、底の砂を残し、別の桶にうつす事数遍し、おとめて歯に障り砂水に成、水をかきまはし置、能おとみたる上水をしたむ事三日し、糸だてにほし上げ粉にし、一升に水二升の割合にし、粥のやうに能煮て食ふ、或は味噌塩砂糖などあんばひし、喰ひよきやうにし、腹に満るほど喰ふ、又芋大根草木の根葉など入煮て喰へば、五穀を喰ふたるにかはる事なし、扨（さて）初めて喰たる時は、大便大にゆるめども二度目よりはさる事なし、又其人にある病により、大に瞑眩する事あらざれども、続いて喰へば却てその病を治す。

右は五穀の尽たる時の用方也、願くは譬へはいまた五穀半年のたくはへある内、製土を半分或は三分二用ひて、一年又は一年半の手当にも為すべし。[138]

飢饉に際しての土粥という同様の記述は、他にもある。心学者・柴田鳩翁(一七八三—一八三九)『鳩翁道話』続編一ノ下(一八三六年刊)に、「土を食することは、いかなる饑饉にも、つくる期なく、実に未曽有の良法でござります。どなたもヨウおおぼえなさりませ」と述べた後、「土粥之製法　ある官医の家法なり」とし、

土はいずかたの土にても、砂石のすくなく、土めよきを選び、土一升に水四升入れ、桶の中にてよくかきまぜ、上水(うわみず)をさること数(すう)へん、また水四升入れ、よくよくかきまぜ、別の桶に入れ、底にのこる砂石をさり、また水四升入れ、前のごとくかきまぜ、水にひたしおくこと。三日のあいだ、一日に三べんずつかきまぜ、すまし、上水をかえるなり。葛の粉わらび粉を、水飛(すいひ)する法のごとし。右のごとく製法せし土へ、水二升入れ、煮てうすき粥のごとくして食う。そのうちへ、菜大根など切こみ、おなじく煮て食うもよし。一日に三合より五合までくらうべし。誠にこの法をもちいば、五穀を食せざれども飢えず、身体つよく、すこやかなりとぞ。[139]

飢饉時の土食は、中国や日本に限られない。ヨーロッパでも「石バター」(stone butter)や

「山粉」(Bergmehl) などと呼ばれる土が非常時に食された。[140] また非常時としての土食としては、こうした飢饉の他、長旅における携行食という用法も多く見られる。東南アジアではボルネオ島などから報告がある。

薬用としての土

土食は薬効があると考えられてもきた。たとえば次のフィリピンの事例はおもしろい。アメリカの人類学者フェイ＝クーパー・コール (Fay-Cooper Cole, 一八八一―一九六一) がラウファーに、直接伝えた情報である。

ルソン島ティンギャン族では、儀礼と薬用の両方で、土喰いが行われる。ここでは婚礼の翌日はシプシポッ (sipsipot「始まり」) と呼ばれる。新婚夫婦は両親とともに田んぼへ行き、花婿が土地のへりにそって草を刈った後、その手鍬に少し土を取る。新郎新婦はそろってこれを食べ、「土地がよい実りをもたらすように」する。

また赤痢やコレラの治療には、ソボソブ (Blumea balsamifera, 和名タカサゴギク) の葉を水壺の中に置く。その上に土団子を吊し、バナナの葉で壺の口を覆って、湯気が逃げないようにする。葉をしばらく煮た後、土団子を割ってお湯と混ぜ、これを患者に飲ませるのである。

稲の収穫が始まるとき、一家の女性は一人で畑へ行き、稲を百束分刈る。この間、食事には塩を用いず、代わりに砂を用いる。フィリピン諸島では、「白蟻」の巣から取った土を水に混ぜ、腸の具合が悪い親に飲ませる。水と混ぜて外傷に塗ることもある。ニド(洞窟棲みの小鳥)の巣も水と混ぜ、咳や肺病の治療に用いる。[141]

ここには、土地の実りを促進するという儀礼的(象徴的)な土喰い、薬用としての土喰い、塩の代用としての土喰いなど、さまざまな側面が描かれている。そして薬用としての食土は、後述するように呪術宗教的な観念・行為ともしばしばつながるのである。

嗜好・妊婦・子供

嗜好品としての粘土製焼き菓子は、すでにジャワの例を見てきた。東南アジア大陸部からも、同様の例が知られている。

フランスの民族学者エルネスト＝テオドール・アミー(一八四二―一九〇八)によれば、ハノイ在住のG・デュムティエという人物が、トンキンすなわちベトナム北部のナムディン(Nam-Dinh)、タイビン(Thaï-Binh)、ハイドゥオン(Hai-Duong)、ソンタイ(Sontay)という四郡で食される、乾燥した、あるいは火を通した土製ケーキ(galette de terre)のサンプルを送ってくれた。

これらは二種類から成り、一つはナムディン郡プルオン(Phu-Luong)村のものである。これはデュムティエによると、小土塊をナイフで切り、火にかけ赤く熱した煉瓦上で、焼くというよりは乾燥することで得られる、薄い土片である。その外見から、現地民はゴイ・タイ・メオ(Ngoë-Taï-Mèo)つまり「猫耳の瓦」と呼ぶ。市場では六〇〇グラムにつき平均一八銭(sapèques)で売られる。

もう一種のサンプルはソンタイ郡カンカッ(Canh-Cat)村で収集されたもので、薄い瓦のように見え(それでゴイ ngoï「瓦」と称される)、強めに焼かれるため綺麗な赤色をしている。価格は「猫耳」と同じである。

これらの「瓦」は食べられはするが、食事というよりはお菓子(friandises)と見なされている。だが、強い粘土の味しかしない。デュムティエいわく、これを食べることには何らの迷信的観念も、何らの薬効的信念も伴っておらず、現地の伝統により保持された、単なる味覚的倒錯(dépravation du goût)にすぎない。[142]

アイヌの人々からも、土喰いが知られる。大シーボルトの次男ハインリヒ・フォン・シーボルト著『蝦夷島におけるアイヌの民族学的研究』によれば、アイヌは野菜や根菜を粘土と混ぜて食用にすると、他の者たちは私に請け合ったが、私自身は、彼らがそういう料理を食べるのを見る機会を、持ったことがない。[143]

しかしアイヌの人々が土を食べてきたことについては、他にも記録が多く残っている。[144]また北海道にはチエトイ、チエトイベツ、チエトイナイ、トイベツ、トヨイ、トイ、ユクエピラなど、食土に関連したと見られるアイヌ語地名があり、帯広畜産大学の研究グループはそうした地域から採取した土壌の分析を進めている。[145]

さて、全世界から集められた土食行動を見てみると、妊娠女性によるものがかなり多い。これはなぜなのか、長く問題にされてきた。

とはいえ、妊婦の土食にもバリエーションがある。たとえば英国人旅行家オーウェン・ラッター（一八八九—一九四四）によれば、ボルネオ島北部ドゥスン族トゥアラン群の女性は、トゥアラン地区役所の中国人の店近くで採れる、暗赤色の粘土を食べる習慣があり、それは甘味のないチョコレートのようなものだった。トゥアラン地区にしばらく駐在していたE・A・ピアスン氏がラッターに語ったところでは、この土は妊娠したい女性が食べる。それは、この土が月経時かその前後に特殊な効果をもつとされているからである。ただし、それはこっそり行われる習わしで、当の女性はそれを食べているなどとは認めない。掘り出すのは割とオープンにするが、それは常に「誰か別の人にあげる」ためと言うのである。女性の中には病みつきになってしまい、この習慣をやめることができずに、子供を産んだ後もずっと続ける人もいる。ある年輩のドゥスン族女性はピアスン氏に、毎日の粘土食をやめるくらいなら、むしろ檳榔(ビンロウ)嚙みのほうをやめる、と語ったという。[146]

また、ドイツ生まれでオランダで活躍した地質学者・古生物学者のカール・マルティーン(一八五一―一九四二)による調査記録では、マルク諸島セラム島南方沖のヌサラウト島アブブ村およびサパルア島において、女性は妊娠期に灰白色の粘土を食べたが、その目的は「色白の子供を産むため」だった。[147] ここには、ある種の呪術的観念も結合している。

セラ・ヤング説

いったいどうして、妊娠中の女性による土食行動が多いのだろうか。この問題について、土食のみならずパイカ(pica)つまり「異食」[148]という広い視点から論じたのが、セラ・ヤングの『土がほしい』[149]である。やや詳しく内容を紹介したい。

本書はまず、印象的なエピソードから始まる。ザンジバル沖のペンバ島でヤングが調査していたときのこと、ある日、ママ・シャリファ(仮名)という現地女性とくつろいで雑談していた。すると突然、彼女がヤングに言うには、「毎日二回、私はこの〔土製の家の〕壁から土を削り取って、でね、食べるの」。

「私はママ・シャリファの言うことを正しく理解できたのだろうか？」とヤングは一瞬疑ったが、それが事実だと知り、パイカに興味をもつようになった。そして現地の伝統医療師である女性のもとを訪れ、ひょっとして土喰いの理由を知らないか、と訊ねてみた。するとその女性は微笑んで首を振り、「あんたは研究者なんだから、あんたがそれを調べて、私らに教えてくれないかい」と言ったという。そこから、彼女の探究が始まった。

ヤングの本はこのように一般向けにも読みやすく書かれているが、内容は高度であるし、学術的な過去の蓄積を十分に踏まえている。そして、パイカの現状とその発生原因について、暫定的な仮説を提示している。その論述は説得的である。

まず彼女は、既知の民族誌的報告を集め、自前でパイカ文献データベースを作成した。それによると、パイカの対象は土、生澱粉（糊）、氷、チョークなどである。そしてアメリカ合衆国でもかつては洗濯糊がパイカの対象としてよく売れていたこと、現在でもインターネット上で、同好者たちの書き込みが絶えないこと、などを紹介している。

その上で分析に進む。従来出されてきた仮説では、パイカは貧血により引き起こされ、土壌中の鉄分を補うための行動であるとか、回虫・鉤虫など消化器内の寄生虫により引き起こされる、などと言われてきた。しかし前者については因果関係がはっきりせず（パイカ→貧血？／貧血→パイカ？）、後者については研究が不足している、という。

土中に含まれる鉄分や亜鉛、カルシウムといった微量栄養素の補給に役立つのでは、という仮説についてもヤングは検討している。しかしその結果は、反対にパイカにより、微量栄養素の不足が引き起こされる、というものだった。

そこで最後に、粘土は腸内で有害物質が吸収されないよう、ブロックしているのでは、という仮説が検討される。それが成立するか否か、三つの予測を立てる。

（一）パイカ物質は、毒物や病原体からの有害作用から、我々をブロックしている。
（二）パイカは、毒物や病原体に曝露される場合に、より頻繁に起きる。
（三）パイカは、毒物や病原体の有害作用に対し脆弱な人々の場合に、より頻繁に起きる。

結果、これらはみな予測通りだった。（一）は実験で確かめられたし、文献上でも、土食には毒消しの効果があるとの記録が多数出ている。（二）については、飢饉のときの土食がこれで説明できる。土食は空腹を満たすとともに、飢饉で食べざるを得ない毒性植物などから、身体を守る働きをしていたというわけである。また吐き気や嘔吐や下痢、胃腸の不調などに対して土食が行われてきたという薬用食土の記録も、これとつじつまが合う。さらに、土食が熱帯に多いことも、病原体の多寡と整合的である。(三)は、毒物や病原体に対し脆弱な人々、つまりは細胞分裂が急激に起こる時期の人々、つまり妊婦や子供に多いことから、肯定される。

以上大ざっぱなまとめだが、要するにヤングによれば、パイカの一番の原因は、毒物や病原体に対する感染性が高いという環境にある。微量栄養素の欠乏はむしろパイカの結果と見なされ、結局パイカは環境適応的な行動だ、という結論である。

本書はここで紹介した以上に大量の情報と洞察を含んでおり、今後パイカや土喰いについて研究する者にとっての、必読文献と言えるだろう。

土喰いの神話・伝承

次に、呪術宗教的な土喰いについて検討したい。こちらも三つに分けてみよう。まずは、土喰いの神話についてである。

かつて人々が土食いを行なっていた、という神話・伝承は数多く知られている。これらは事実とは限らないが、語り継いできた人々が土喰いについて何らかの思い入れを抱いて

亜紀書房

since1967

2016 No.③

〒101-0051 東京都千代田区神田神保町1-32
TEL 03-5280-0261 FAX 03-5280-0263
www.akishobo.com
＊書店にない場合は、直接ご注文ください。代金引換にてお届けいたします。

最 新 刊

靴磨きの本

長谷川裕也 著 A5判変型並製／100P

お気に入りの一足と、10年付き合うために知っておきたいこと。磨きの基本からトラブル対処まで、靴磨き専門店・Brift H代表 長谷川裕也が教える靴磨きのA to Z。

1,300円+税

メメントモリ・ジャーニー

メレ山メレ子 著 四六判並製／274P

死を想うと、生が明滅してスパークする。遠く離れた旅先で抱いた気持ちを文章にしていくことは、翻って自らの人生を捉え直すきっかけとなった――メレ山メレ子が「旅と死」をテーマに綴るエッセイ集。

1,600円＋税

生きていくうえで、かけがえのないこと

吉村萬壱 著 四六判上製／128P

若松英輔版と同時発売！　休む、食べる、嘆く、忘れる……わたしを立ち止まらせる25の人間のすがた。『ボラード病』『ハリガネムシ』で知られる異能の芥川賞作家による初のエッセイ集！　1,300円＋税

生きていくうえで、かけがえのないこと

若松英輔 著 四六判上製／144P

吉村萬壱版と同時発売！　ふれる、聞く、愛する、憎む……悲しみの先に広がる25の風景。悲しみの秘儀』に続き魂の思想家が贈るエッセイ集！

1,300円＋税

好評既刊

亜紀書房翻訳ノンフィクション・シリーズ I-10
英国一家、日本を食べる
マイケル・ブース 著　寺西のぶ子 訳
英国紙ガーディアン絶賛！日本の食の現場を「食いしん坊」と「ジャーナリスト」の眼で探し、見つめ、食べまくったイギリス人による異色の食紀行！
1900円＋税

亜紀書房翻訳ノンフィクション・シリーズ I-13
英国一家、ますます日本を食べる
マイケル・ブース 著　寺西のぶ子 訳
前作では収録しきれなかった原著に加え、本書だけの特別追加原稿および日本人読者に向けた書き下ろしエピローグを収録した続編が一冊の本に。あなたにとって〝和食〟とは？
1500円＋税

コミック版
英国一家、日本を食べるEAST
マイケル・ブース 原作　落合マハル 作画
パリ料理修業時代の友人から渡された辻静夫の名著に導かれ、遠くロンドンから「日本を食べに」やってきたブース一家。原作に描かれた《東日本》での旅のようすを大胆に漫画化！
925円＋税

コミック版
英国一家、日本を食べるWEST
マイケル・ブース 原作　落合マハル 作画
ベストセラー、コミック化の第二弾！今度はいざ西日本へ！京都の生麩や会席料理、大阪が誇る庶民の味などなど各地名産物に舌鼓！抱腹御礼の旅、これにて完結！
925円＋税

意識はいつ生まれるのか
脳の謎に挑む総合情報理論
ジュリオ・トノーニ／マルチェッロ・マッスィミーニ 著　花本知子 訳
脳は意識を生み出すが、コンピューターは意識を生み出さない。では両者の違いはどこにあるのか。わくわくするエピソード満載でわかりやすく語られる脳科学の最先端！
2200円＋税

ニューヨークで考え中
近藤聡乃 著
２００８年に単身ニューヨークへわたったアーティスト・近藤聡乃。いずれ忘れてしまうふとした日々のあれこれを描いたコミックエッセイ。
1000円＋税

不思議の国のアリス
ルイス・キャロル 著　高山宏 訳　佐々木マキ 画
原書刊行150周年記念出版！高山宏の完全新訳と佐々木マキの描き下ろしイラスト約50枚で贈る、日本語版『不思議の国のアリス』の決定版!!
1600円＋税

ケアのカリスマたち
看取りを支えるプロフェッショナル
上野千鶴子 著
在宅看取りのノウハウからコストまで。上野千鶴子が日本の在宅介護・看護・医療のフロントランナー11人に大胆に切り込んだ対談集。
1600円＋税

レクイエムの名手
菊地成孔追悼文集
菊地成孔 著
稀代の「レクイエムの名手」が今世紀のはじまりの十数年間に綴った珠玉の追悼文の数々を一冊に集成！憂鬱と官能、生と死が甘美に入り混じる、活字による追悼演奏。
1800円＋税

改訂新版 **アメリカ暮らし**
山本美知子／斉藤由美子／結城山丈 著

きたことは分かる。一例だけ挙げてみたい。

有名なものとして、タヒチの死体化生型神話がある。死体から食べ物が生まれる話は、とりわけイモや果実類について語られる場合が多く、ここでもパンの実についての話とされている。タヒチにおける王の存在、マラエと呼ばれる宗教施設の存在なども出てくる。また最後には、ココヤシやクリやヤムイモについても同様の神話があると述べられている。これはロンドン宣教協会のエリス（一七九四―一八七二）が記録したもので、原文には現地への偏見が感じられる記述もあるが、ここでは省いた。

パンの実の起源に関して、彼らの口承する諸伝説の一つが述べるところでは、ある王が治めていた頃、人々はアラエアつまり赤土を食べていたが、ある夫婦は一人息子をとても可愛がっていた。その若者は身体が弱く華奢だった。ある日、夫は妻に言うことに、「俺は息子が可哀想でならん、あいつは赤土を食うことができん。俺は死んで、息子の食料になろうと思う」。妻は言った、「どうやって食料になるっていうの？」彼は答えて、「俺は神に祈る。神には力があるから、俺の願いを叶えてくれるだろう」。かくして彼は家族のマラエへ赴き、神に祈りを捧げた。彼の祈りには好意的な返答が下され、夜になって彼は妻を呼んで言った、「俺はもうすぐ死ぬ。俺が死んだら、死体を切り分け、頭はある場所、心臓と胃は別の場所、などというふうに植えるんだ。それから家に戻って待っていてくれ。まず葉っぱの音みたいのが聞こえ、次に花の音、その後に未熟な実、それに続いて実った丸い実が地上に落ちる音が聞こえたら、それは俺なんだ、息子の食料になった俺だ」。彼はその後すぐに死んだ。妻は夫の命令に従い、言われたとおりその胃を家の近くに植えた。しばらくして、葉の落ちる音、次に花の大きなさやの音、そして小さな未熟な実の音、その後、完全に生長し熟した実の音が聞こえた。この頃はもう昼間だった。彼女は息子を起こして外へ連れ出してみると、大きくて姿のよい木が一本見えた。広くつやつやした葉に覆われ、パンの実がたわわになっていた。彼女は息子にいくつか採るように指示し、初物を家族の神と王の所へ持って行った。もう赤土を食べるのではなく、眼前に育った木の実を焼いて食べられるように。

…(中略)…ココヤシ、クリ、ヤムイモの起源も似たような源からたどられている。ココヤシの実はある男の頭から育った、クリは彼の腎臓から、そしてヤムイモは彼の脚から、またさらに他の作物が彼の身体の諸部分から育ったという。[150]…(中略)…。

聖地の土石を服用する例

今のは言い伝えに過ぎないが、呪術宗教的観念にもとづいて、実際に土石を服用してきた例もある。

有名なものとして、ベツレヘムの授乳洞（Milk Grotto）がある。伝説によれば、救世主が誕生したという話に脅威をおぼえたヘロデ王が、ベツレヘムの二歳以下の子供たちを皆殺しにさせたとき、幼子のイエスは父ヨセフと母マリアに連れられて、この洞穴に隠れた。こうして休んでいる間、マリアがイエスに授乳したところ、その母乳が洞穴の地面にこぼれた。すると奇跡が起こり、洞穴全体が真っ白になったという。今日でもこの洞穴は授乳洞と呼ばれ、宗教を超えて尊崇を集めている。

お乳の出をよくするためにここを訪れ、洞穴内の土を服用する女性もいるが、もっとも多いのは子授け祈願のカップルである。マリア像が刻印された洞穴の土はもう販売されていないが、少量の土なら、訪問者だれでも持ち帰ることができる。それを寝室マットレスの下に置く人もいれば、その場ですぐに食べる人もいる。

セラ・ヤングによれば過去十年間、この霊験あらたかな土のおかげで一七〇〇人の赤ん坊が誕生したとの報告があり、感謝の手紙や写真が授乳洞そばのチャペルを埋め尽くしているという。[151] また聖人や預言者の墓からとった土をお守りにしたり、服用する例はイスラーム圏からも知られている。[152] 類例はヨーロッパにもあった。たとえば民俗学者ゴンム(一八五三―一九一六)によると、一九世紀アイルランドでは、司祭の墓から粘土か土を持ち帰り、ミルクで煮たものを病気治療の薬として服用したという。[153]

日本における墓石削り

日本でも、似たことが行われてきた。著名人の墓石を削り、あるいは打ち欠いて持ち帰り、お守りにしたり、薬として服用にしてきたのである。たとえば侠客の墓標を打ち欠いて所持すると、勝負事に勝つという俗信があり、鼠小僧次郎吉(東京)や国定忠治(群馬)、清水の次郎長(静岡)などの墓標は、もはやボロボロになったり、保護のために鉄柵で覆われるなどしている。[154]

また福岡県八女郡広川町・石人山古墳の石人は、全体的にかなり破損している。この理由は、肩や腰が痛い者は、石人の患部と同じ部分をさすったり、叩いたりすると効用があると信じられてきたためという。またここの石人は武装した造形のため、地元では矢弾に強いとの俗信が起こった。第二次大戦中、召集された者は石人の一部を削り、その粉をお守りとして入隊したという。しかし、石人は旧文化財保護法の指定を受けていたため、これは極秘の作業であった。これ以前から、味噌汁に石粉を少し入れて飲むと諸病に効くとか、火吹き竹で石人の耳を吹いて供えておくと、耳の病気が治るといった信仰があったという。

先述したベツレヘムのミルク・グロットと似た、乳授けの信仰もある。福島県須賀川市和田の和田大仏は、鎌倉時代に制作されたものである。この大仏は昔、乳授けの御利益があるとして、顔、肩から胸にかけて削り取られている。これは「乳の仏さま」とされ、乳の乏しい女性が、甘酒を供えるとたちまちご利益があるとされる。祈願の女性たちは、仏体の胸乳付近を欠いて粉を取り、その側のヒノキの老樹の根元にある井戸の水で煎じて飲んだという。

京都からも事例が知られる。京都市左京区峰定寺（ぶじょうじ）付近の山中には、花背の乳岩と呼ばれる岩があったといわれる。この岩には乳房状の突起が一四個あり、上から冷たい細流が伝わり落ちて、あたかも婦人の乳が出るようであった。このことから、乳授けの信仰が生まれたという。岩の一部を削って自宅に持ち帰り、効果があればもとの場所に返すというのであり、背景には本草学の知識があったものらしい。[155]

乳授けではないが、墓石を削る習俗は私の地元にもあった。仙台市若林区の光寿院にあ

図8　仙台市若林区・光寿院にある嘉治平法印の墓(著者撮影)

る、嘉平治法印という人物の墓である。この墓石を煎じて飲めば、百日咳(せりせき)やバヒフウ(ジフテリア)に効験あらたかということで、昔から信心者の参詣が絶えず、かつては四角であった墓石も今は多角形をなしている、と一九三三年に出版された伝説集にある。それから八〇年以上を経た現在では、多角形どころか、もはや原形が四角だったとは思えないほどに摩耗している【図8】。この嘉平治という人物は、仙台藩の足軽であったのが、羽黒山で修行した結果、非常な法力を得、後に咎めを得て斬首刑に遭った際も、彼の姿は忽然と消えていたという伝説の持ち主である。[156] 人々はその不思議な力にあやかろうとしたのであろう。[157]

祈誓における土喰い

呪術宗教的な土食の最後に、祈誓（oath）に際しての土喰いを見てみよう。

インドのマドラス（チェンナイ）政府博物館に勤めた人類学者のエドガー・サーストン（一八五五―一九三五）は、一九一二年刊の著書において次のエピソードを紹介している。それによると何年か前、H・D・テイラーという人物が、ジャイプル（オリッサ州）の二村間における境界争論を解決するよう求められた。その際、パンチャーヤト（議会）の結論は次のようだった。A村の村長が境界を歩いて巡り、間隔を置いてそこの土を食べ、六ヶ月以内に何も異状がなければ、B村の者たちはA村の主張する境界を受け入れる、というのである。そこでA村長は土を喰いつつ境界を巡り歩き、暫定的に所有命令が与えられた。ところがその後間もなく、A村長の牛が死に、子供の一人が天然痘で死に、ついには彼自身も三ヶ月以内に死んでしまった。B村側は、A村長の偽証を大地の女神が証明した、と言って土地所有権を主張した。それへの反論は、A村長はあまりにも狭い間隔で土を食べさせられたため、赤痢に罹り、土喰いのせいで死んだのだ、というものであった。[158] 結論がどうなったのかは不明である。

ミャンマー北部のチン族では、村落間における祈誓はふつう次のように行われた。ミタン牛が引き出され、その上に酒が注がれて、証人として精霊が呼ばれる。それから双方の村長は、同時にミタン牛の心臓を射るか刺す。喉を切り裂き、血を鉢に集める。次に尾を切り落とし、この尾で村長たちや男たちは互いの顔を血塗りにし、その間に賢者が唄う、「この合意を破った者は、この獣が死んだように死ぬ。その者は村の外に埋められて、その魂が安らぐことはない。その家族も死んでしまい、その村にはあらゆる禍が降りかかる」。この合意を双方が忘れないように、大きな石が立てられる。どの村の近くにも、守られなかった祈誓を記録した石積みが見出される。

場所によっては、とりわけ南部では、真実を語っていると誓う印として、土を食べる習わしである。土は刑事事件において証拠を与える証言者とされるのである。これは非常に拘束力の強い祈誓と見なされ、チン族人から真実を引き出すには、他の何よりも効くとされていた。[159]

さらにインド東北部のアンガミ・ナガ族でも、祈誓の際に草と土を一握り摑み、それを頭上に載せてから口の中に押し込んで嚙み、食べるそぶりをした。[160]

こうした祈誓における土喰いの事例は、リヒャルト・ラッシュの古典的な祈誓研究にも集成されており、[161] またアネルとラーイェルクランツの共著[162]にも集められていて、東南アジア島嶼部とアフリカに多いことが分かる。まず東南アジア島嶼部の事例から見ていこう【地図4・5】。

植民地行政官ドゥクレルク（一八四二―一九〇六）によると、スラウェシ島のミナハッサ西部では、境界論争を調停する場合には、神判的祈誓がしばしば行われた。そして土喰いに際しては、論争の土地が実際に属する者には神が長寿を与え、偽証でその土地を我がものとしようとしている者は、速やかに死ぬと考えられた。[163]

ジャワの祈誓については詳しい報告がある。ペカロンガン（Pekalongan）のジャワ人が祈誓（sasat）を強力にするためには、地上に指で描いた十字に唾を吐き、湿らせた土を少し呑み込んだ。さらに、窃盗や姦通の疑いに際しては、墓地から取った土を食べることで行う祈誓もあった。そしてもし偽証をすれば短命になるか、または重病、たとえば水腫（ブスン boesoeng）、腹部膨張（ベドゥドゥグ bedoedoeg）、脚部麻痺（ルンプフ loempoeh）などにかかると考えられていた。[164]

レイデン大学の民族学講座で初代教授を務めたピーテル・ヨハンネス・フェート（一八一八―九五）の大著『ジャワ』にも、関連した記述がある。土地所有権の争論が起きた場合、当該場所の土を少し呑み込む。主張が正しければその土は無害だが、わざと嘘をついていた場合、その者は膨張するか破裂してしまうと信じられていた。[165]

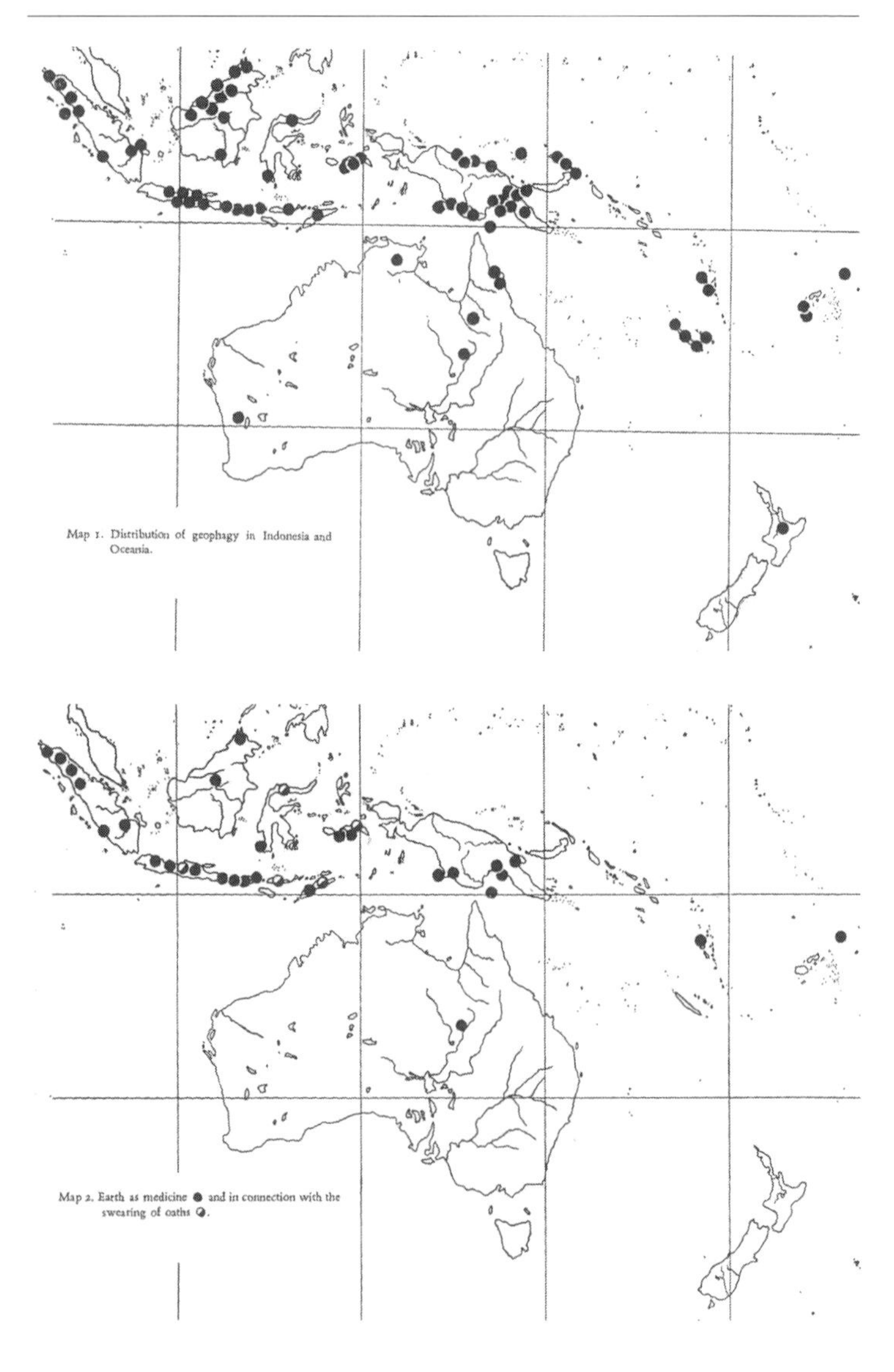

地図4（上）インドネシア・オセアニアにおける土食の分布（Anell & Lagercrantz 1958）
地図5（下）薬用としての土食（●）と、祈誓とかかわる土食（◕）（Anell & Lagercrantz 1958）

さらに、インドネシア各地から祈誓土食の事例を数多く報告したのは、植民地行政官のヨハンネス・ヘラルト・フリートリヒ・リーデル（一八三二―一九一一）である。

まず、北スラウェシ・ボラアンモンゴンドウ地域については、フェーンハウゼンの論文に付した補遺に、次のように記す。ここではモンギボコンブタ（mongibot kon boeta）と呼ばれる祈誓の際、被疑者は一摑みの土を口に入れねばならない。このとき長老の一人が、「虚偽を言う者は死ぬがよい、土を呑んだことにより、子々孫々もともどもに！」と叫ぶのであった。[166]

ティモール島ダワンにおいては、窃盗その他の犯罪において真実を究明するのに、神判が用いられた。沸騰したお湯（oël loto）から当事者に右手で石を取り出させるとか、生米を噛ませるとか（mua menes）、研ぎすました剣を握らせるなどした。すると有罪者は、手を火傷するか、米を口の中で噛み砕けないか、すぐに傷を負うかするのである。かつては、祈誓をするのにまず米を撒き、それから土地の女神ウスパハ（uspaha）の名を唱えながら少し土を食べる習わしだった。しかし一八七九年にリーデルが調査したときには、女神を呼ぶにあたり、「黒い塩」（ティモール人が火薬をいう呼称）を少し蒸留酒に入れ、銃弾も入れて、それを飲むようになっていた。[167]

フローレス島南岸では、地中に住む女性原理たるエンラケ（engrake）が崇拝され、飲食の前には肉や飲み物の一部が彼女に供されることになっていた。そしてエンラケは祈誓においても証人として招請された。その際、当事者は発酵したクラパ（ココヤシ）汁に少量の土を混ぜて飲むのである。そしてここでも、争論においては沸騰した湯の中に右手を突っ込む神判（ジャイ djai）も行われた。[168]

セラム島北岸住民の祈誓については、軍人J・ボートの死後刊行された論文に、次のように言及されている。ここでは土地争いを調停する際、誓いを発言した後に、双方がその土地から一摑みの土を取り、口にする方式もあった。[169] しかしリーデルによると、この「土地祈誓（wape tapena）」は動産の窃盗告訴を解決するためにのみ、なされたという。[170]

以上に掲げた東南アジア島嶼部の祈誓における土喰いは、いわゆる毒神判ともつながりそうだ。大林太良は、かゆい植物や辛い植物を嚥下させる神判も含めて、次のような分布を挙げている。

ジャワ：（土）
ボルネオ：クアラカプアス地区のダヤク族（頭骨粉）、ガジュ・ダヤク族（唖（おし）の頭）
小スンダ列島：スンバ島民（唐辛子水）、フローレス島ガダ族（胡椒）、アロール島（石灰を混ぜた米）

マルク諸島：セラム島パタリマ群（土）、ウェタル島（かゆい木、唐辛子）、ケイ諸島（土、焼ける芋、焼けるココ椰子）、アル諸島（アラク酒、海水、血）[171]

アフリカの宗教的土喰い

そしてアフリカにおける宗教的土喰いについては、ラーイェルクランツが次のようにまとめている【地図6・7】。これは、無実を証明する祈誓との関連で行われるのがふつうである。それはことに、西スーダンにおいてである。この慣習の東の境界は、ほぼチャド湖からウバンギおよびコンゴ川下流域をつなぐ線であるが、東アフリカとマダガスカルからも孤立的な報告がいくつかある。詳細な報告から判断するに、使用される土はたいてい土製の聖所(earth-shrine)——たとえばヴォルタ地方——、または墓所から取られる。祈誓をする者が土をなめるか（ホ Ho 族、バジャ Baja 族、ヤンゲレ Yangere 族、パンデ Pande 族、ヴィリ Vili 族、ムセロンゴ Muserongo 族、ムシコンゴ Mushikongo 族、ロトゥカ Lotuka 族、スワジ Swazi 族、ズールー Zulu 族）、土を食べるかは、さほど重要ではない。しかし恐らく、この慣習の分布地域の周辺部では、前者の型のほうがふつうだと言えよう。いずれにせよ、偽証者は誰であれ、呼び出された土地神または被葬者によって、容赦ない厳罰を受ける。偽証者は精神錯乱に陥るか（ブドゥマ

地図6　アフリカにおける土食慣習の分布(Anell & Lagercrantz 1958)

地図7　アフリカにおける宗教的土食。土製聖所(○)か墓所(◓)の土を、
祈誓とかかわって食べる。聖者か祖先の墓地の土を薬用として食べる(●)。
土製聖所の土を薬用として食べる(◒)。(Anell & Lagercrantz 1958)

Buduma 族）、発病して死ぬかする（ホ族、ヨルバ Joruba 族、アンガス Angas 族、ブドゥマ族）。しばしば、偽証者の腹が膨れて破裂するが（たとえばダガリ Dagari 族、モシ Mossi 族、マムプルッシ Mamprussi 族、ダゴムバ Dagomba 族、カラ Kara 族）、土喰いを伴わない偽誓も、同じ結果を招くことがある（たとえばアンガス族、イボ Ibo 族）。このように、偽証者の腹が破裂するという観念は、西スーダンに広く見られる。場合によっては、祈誓に際して土が喰われるとは述べられていない。バジャ族、ヤンゲレ族、パンデ族、スワジ族、ズールー族が埋葬時に新鮮な墓土をなめて、それを墓に投げ入れる慣習や、死者が生前住んでいた家の土を食べる慣習は（たとえばバリ Bali）、当事者の死に対して潔白であると、土を喰う者の側が祈誓していることを示唆していると見て、間違いない。[172]

日本の祈誓

最後に日本中世のいわゆる一味神水も、これと似た所作をする。一味神水は神水起請ともいい、「誓約を結ぶ人々が神前で神水を飲み交わし、互いに約束・掟に違背しないことを誓い合って一味同心の集団を結成する際の作法」である。

　そうした集団を一揆といい、一揆を結ぶ際の誓約には、紙に書く起請文と口頭で誓い合う誓言との二つの方法があり、前者の場合は、起請文に誓約の内容を記し、全員が署名をしたあと、その起請文を焼いて灰にして、その灰を神水に浮かべて飲んだ。後者の場合は、誓言を交わしたあとで神水を飲み交わしたのであろう。神水は特別な井戸でくんだ水であったり神酒であったりしたが、いずれにしてもおそらくは神前に供えられたものであり、これを飲み交わすのは、誓約にかかわる人々が神と共飲共食し、誓約に神が立ち会って人々と同心したことを意味した。[173]

ラウファーが言うように、[174]東南アジアの儀礼的土喰いはインド、さらに言えばヒンズー法にその起源をもつと考えてよいだろう。アフリカの祈誓土食も、少なくとも部分的には、インドないしインドネシアからの影響に帰せられると思われる。[175]日本の探湯・鉄火神判も、究極的には古代インドに遡ると考えられ、[176]一味神水にもそうした可能性があること、すなわち古代から民間で行われていたものが、中世になって文書に記録されるようになった可能性があることを、仮説として提起しておきたい。

土喰い研究の課題

土喰いは、人類史において広く行われてきた行為であり、多様な分野の研究者が、これまで取り上げてきたテーマでもある。しかし日本では、私の知る限り、これまで本格的な研究はなされてこなかった。本章の一つの目的は、この現状に風穴を開けることであった。最近の土喰い研究は、土壌の組成やその作用に関する自然科学的な分析が中心である。しかし民族学・人類学からも、過去の資料を丹念に読み直すことで、見えてくることがあるのではなかろうか。たとえば今回採り上げた祈誓という儀礼的文脈における土喰いも、そうした例の一つである。

妊娠女性に土喰い行為が多いことについては、セラ・ヤングが現時点での科学的説明を行なっている。しかしそれとともに、従来出されてきた見方、すなわち土器の作り手としての女性が、土喰い行為と結びついた可能性なども[177]、再考してみてよいのではないか。

しかし、私にとって一番の願望は、粘土製の焼き菓子（ペンバなど）を自ら味わってみることである。もちろんヌキテパのフルコースもよかったが、世界の別な土食文化も体験してみたい。いつの日か、この夢が実現されることを切に祈っている。

注

＊113　ちなみにエッセイスト・写真家の杉岡幸徳氏が訪れたのは、ヌキテパかどうか書かれていないが、彼が都内のその店で食べたのは、山の土を煮て、ルッコラの根を添えただけというシンプルなものだった。その味は、かすかに甘みはあるが、基本的には無味無臭だったという(杉岡 二〇〇九：一二四—一二七)。

＊114　久馬 二〇一〇。

＊115　久馬 二〇一〇：二九。

＊116　北里大学で副学長を務めた陽捷行氏によるエッセイ「アースイーター」(陽 二〇一一)は、ピーター・W・エイブラハムズの英語論考（Abrahams 2010）を日本に紹介した、貴重な資料である。

＊117　Humboldt 1808a: 142-153, b: 191–205.

＊118　Humboldt 1809.

＊119　『新大陸赤道地方紀行』邦訳（抄訳）ではオトマコ族、『自然の諸相』邦訳（部分訳）ではオトマーケン族(六八、八五頁)と書かれ、フンボルトの評伝邦訳ではオトマコ人（ボッティング 二〇〇八：一五四—一五五)、ルーレンによる『世界諸言語ガイド』では《Otomaco》（Ruhlen 1991: 240, 373）、ウィキペディアのスペイン語版では《Otomacos》、ドイツ語版では《Otomaken》（二〇一五年一二月一三日閲覧)。『文化人類学事典』には「オトマク Otomac」の項があり（原 一九八七)、『南米インディアン・ハンドブック』には《The Otomac》の項目がある(Kirchhoff 1948)。以上から、本章では基本的に「オトマク族」を用い、引用文中などでは「オトマコ族」を併用する。

＊120　Humboldt 1814–25 II: 608–612, 抄訳三：七七—八一。なお〔 〕内の補足は引用者(山田)による。

＊121　Labillardière 1800: 333.

＊122　Humboldt 1814–25 II: 612–613, 抄訳三：八二。

＊123　Ferrand 1886.

＊124　Laufer 1930: 183, 189, 190.

＊125　Heusinger 1852.

＊126　Ehrenberg 1854.

＊127　土食研究の先駆者として、後述するラーイェルクランツはホイジンガーを(Anell & Lagercrantz 1958: 24)、ラウファーはエーレンベルクを（Laufer 1930: 101)、それぞれ称賛している。

＊128　Hooper & Mann 1906.

＊129　Stahl 1931.

＊130　Anell & Lagercrantz 1958.

＊131　Lasch 1898, 1900.

＊132　Buschan 1930.

＊133　他に、トゥールーズで書かれたブールダンによる学位論文『土喰い』(Bourdin 1910)もある由だが、

入手困難のためまだ目にしていない。
＊134　Laufer 1930.
＊135　Young 2011.
＊136　愛知大学中日大辞典編纂所 二〇一〇：六二九。
＊137　木内［一七七三—一八〇二］：三七九。
＊138　遊佐［一八二六］：三七七。
＊139　柴田［一八三五—三九］：一〇三。
＊140　Laufer 1930: 168–169.
＊141　Laufer 1930: 133.
＊142　Hamy 1899: 65.
＊143　von Siebold 1881: 37，邦訳：八五。ただし以下の原文から引用者（山田）が新たに訳出した。Dass die Aino auch Thon mit Kräutern und Wurzeln vermengt als Nahrung zu sich nehmen, ist mir von Anderen versichert worden; ich selbst habe nicht Gelegenheit gehabt, sie ein solches Gericht verzehren zu sehen.
＊144　日本語版の訳注は以下のとおり（一九二—一九三頁）、きわめて詳細である。
　土を食べる習慣は、ジオファジアと呼ばれるもので、広く世界的に見られる。機能的には、飢餓食のほかに日常食とする民族も存在し、解毒剤などの治療薬として用いられたり、嗜好品として食されるなど多くの事例がある。アイヌの人々が土を食べることについては、江戸期の文献にも散見する。最上徳内は、『蝦夷国風俗人情之沙汰』下（『日本庶民史料集成』第四巻所収）に、ヱトロフの話として、「此処に蝦夷土人食物とする土あり。色白く和らかにして餅の如し。食用に達せんと思ふ時は、先づ水に施し、水舞（すいひ）にして砂を去りて煮るに、饂飩粉に制したるに似たり。味平淡にして毒なし。土人殊に賞美せり」と記している。さらに体験談としては、一九世紀初めに二四年間を蝦夷地に勤務した松田伝十郎の『北夷談』（同前）には、「先年ヱトロフ嶋在勤の節、食するものなく、土を食して一日を凌ぎし事もあり」とある。また松浦武四郎は、安政五年（一八五八）現・網走支庁管内斜里郡斜里町付近での見聞として、『知床日誌』（『松浦武四郎紀行集』下、冨山房、一九七七年）に、「喰土が有るの義。前に言土人草根を喰する時、此土を少し入るゝや草根の毒に当らざる由。是を探には鳥獣の喰て居るを見て其を試として取る也。別て鹿は好て喰よし也。是有涯土色黄色、群鳥飛来啄咀所食〈常陸風土記〉とする物也」と記している。なお、この食用土は、チエトイと呼ばれるもので、これを水に溶き、煮物や汁物などの料理に用いる（『知里真志保著作集』別巻一、平凡社、一九七六年）。
＊145　筒木ほか二〇〇九、二〇一〇。
＊146　Rutter 1929: 72.
＊147　Martin 1894: 55.
＊148　この英単語は、鵲（カササギ）を表すマグパイ（magpie）

から来ているらしい。鵲は何でも食べるからだと言う。

＊149　Young 2011.

＊150　Ellis 1831–33 I: 68–70.

＊151　Young 2011: 47.

＊152　Laufer 1930: 153–154, 162, Young 2011: 53–54.

＊153　Gomme 1892: 114.

＊154　角南(すなみ) 二〇〇七、二〇一四。

＊155　以上、角南 二〇〇八：五二、五五、五八。

＊156　宮城県教育会(編)一九三三：一。

＊157　墓石を削って服用する事例は、まだまだ多いと思われる。たとえば『郷土』誌の「石特輯号」(一九三二年)には、気付いただけでも次のような例が見えている。長野県上諏訪町の脇の温泉寺裏の墓地近くに、古びた五輪塔があり、和泉式部の墓と伝えられる。火輪の辺りはかなり不自然に欠けているが、これは以前、瘧(おこり)(マラリア性の熱病)によく効くと言って、皆が欠いてもって行き、それを煎じて飲んだからだという。また同県小県郡滋野村の雷電の墓は、力のない者や弱い子供に欠いて呑ませるとご利益があると言い、豊栄村明徳寺にある高坂弾正の墓も欠いて呑むと、くつめき(百日咳)に利益があるという。そして雷電の墓は草相撲の力士が参詣し、墓石を欠いてもち去り、その墓石を呑めば力量がすぐれ出世すると言われていた。そのため文字も分からないほどに墓石の格好も崩れ、見るかげもない姿となっていた。そのため、第二の標石を建て、最初のものは柵を立ててこれを防いでいた(池上編 一九七八：二〇八、二七一、二九八)。

＊158　Thurston 1912: 38–39.

＊159　Scott & Hardiman 1900: 472.

＊160　Hutton 1921: 146, cf. Mills 1922: 103.

＊161　Lasch 1908: 35.

＊162　Anell & Lagercrantz 1958: 4–5, 76–79.

＊163　de Clercq 1870: 525.

＊164　Cohen 1898: 148–149.

＊165　Veth 1912: 146–147.

＊166　Veenhuijzen 1903: 73.

＊167　Riedel 1887: 280.

＊168　Riedel 1886b: 69–70.

＊169　Boot 1893: 1195.

＊170　Riedel 1886a: 116.

＊171　大林 [一九七七]：二八〇―二八一。

＊172　Anell & Lagercrantz 1958: 76.

＊173　千々和 二〇〇二。

＊174　Laufer 1930: 131. 160, Anell & Lagercrantz 1958: 78.

＊175　Anell & Lagercrantz 1958: 78.

＊176　山田 一九九五―九六、二〇一〇。

＊177　Laufer 1930: 171, Anell & Lagercrantz 1958: 67.

第四章

カニバリズムを追う

食人俗の虚実

ドイツの自然科学者ゲオルク・フォルスター（一七五四―九四）は、父とともに一七七二―七五年、ジェイムズ・クックの第二回世界周航に参加した。その航海記は一七七七年にまず英語で、七八―八〇年にかけてドイツ語で出版され、大きな反響を呼んだ。その中で、著者は一七七三年一一月二三日、ニュージーランドで戦闘の結果とらえられた少年が、敵である現地民たちによって食べられる場面を目撃し、次のように述べている。

人間というものを書斎からしか知らない哲学者たちは、新旧のあらゆる情報にもかかわらず人食い人種は存在しないと、言い張ってきた。乗組員たちの中にすら、非常に多くの民族についての一致した報告を信じようとせず、その存在を疑う者がいた。しかし……今や、私たち自身がこの目でそれを見た以上、それを少しも疑うことはできなくなった。[178]

カニバリズムは、「文明」が「未開」を表象する際の常套句のように感じられることも

あり、それが事実か虚構かといったレベルでの議論もいまだ消え去っていない。史料の扱いに注意が必要なのは言うまでもないが、多くの事例を前にするとき、この習俗自体が存在したことは否定できない。学問の進展は先行研究の蓄積の上に築かれるべきであり、このテーマにおいてはそれすら十分になされているとは言いがたい現状にある。私はここで研究史の概観を試み、今後の研究へのささやかな土台を提供したい。

　したがってこの章は、本書の他の章とは少し趣を異にする。カニバリズムの具体相よりもむしろ、それを研究対象として追いかけてきた学者たちの情熱と議論とを紹介することに主眼を置くからである。そのことを通して、人はなぜこれほどまで食人という行為にひきつけられるのか、考えてみるのもよいかもしれない。

　本論に入る前に、さまざまに使われている用語を整理しておこう。カニバリズム（英 cannibalism, 独 Kannibalismus, 仏 cannibalisme）の語は、食人種をさすカニバル（cannibal）に由来し、後者は一五五三年初出らしい。もとはスペイン語（canibal ないし caribal）で「カリブ人」を指す語だったが、西インド諸島のカリブ人における人肉食の噂から、これが食人族の意味に転じたのである。

　ところで、意外にそう信じている人も多いようだが、「カニバリズム」と、謝肉祭をさす「カーニバル」（carnival）の語とは何ら関係がない。後者はイタリア語（carnevale）、さらに溯れば古イタリア語(carnelevale)で「肉を取り上げる」意であり、イエス・キリストの受難を偲んで肉食を断つ前の時期に繰り広げられる祝祭のことだ。語源はラテン語で、「肉」(伊 carne, 羅 carō)を「取り上げる」(伊 levare, 羅 levāre)ことだが、俗説ではラテン語「肉よさらば」(carne vale)に由来するとも言う。手もとの辞書からでも、この程度の情報は得られる。

なおまたギリシャ語で「人」(ἄνθροπος)を「食す」(φαγεῖν)の語句から、アンスロポファジー(英 anthropophagy, 独 Anthropophagie, 仏 anthropophagie)もしばしば用いられる。ドイツ語の俗語では、「人喰い」(Menschenfresserei)とも称される。

以下では、カニバリズム研究史を四つの時期に区分し、それぞれの時期から代表的な事例を一つずつ、計四例挙げてゆくことにしよう。それらは、

- 第一期：事例収集と理論形成の開始(一八八〇～一九二〇年代)
  事例一：スマトラ島のバタック族
- 第二期：事例の集成・分類の完成(一九三〇～七〇年代)
  事例二：トゥピナンバの戦争カニバリズム
- 第三期：視点の転換と混乱(一九七〇～九〇年代)
  事例三：ニューギニア高地フォレ族のクールー

・第四期：より客観的な研究へ（二〇〇〇年代～現在）
　事例四：日本の骨かみ

である。

事例収集と理論形成の開始

カニバリズムの研究史を振り返ると、まず挙げねばならないのはドイツの地理学者・民族学者リヒャルト・アンドレー（一八三五―一九一二）【図9】による『食人俗――民族誌的研究』[179]で、初めて食人俗を包括的にあつかった研究である。ただし本書一二頁によれば、一六八八年にラテン語による食人論が出たと言い、また他の先行研究も同頁に少し挙げられている。本書は先史時代、民間信仰における残存、

図9　リヒャルト・アンドレー

古典における記述に続き、アジア、アフリカ、オーストラリア、オセアニア、アメリカの例を列挙し、最後に結論で締めくくられる。必要に迫られての食人は除くと序文で述べているが、そうした事例も多数出ている。族内食人・族外食人の区別はまだ不十分である。アジアではスマトラ島のバタックが中心であり、オセアニアは「食人俗の本場」として扱われている。そして食人俗の二大動機は、復讐欲と俗信（相手の能力などの獲得）、と結論した。

続いては、オランダの社会学者・民族学者ゼーバルト・ルードルフ・シュタインメッツ（一八六二―一九四〇）の論文「族内食人俗」[180]を取り上げねばならない。これは初め一八九五年の『ヴィーン人類学会誌』第二六巻に発表され、後に彼の著作集『民族学・社会学論文集』第一巻に、補遺を付して収録された。シュタインメッツによれば、族外食人俗（exoanthropophagie）・族内食人俗（endoanthropophagie）の区別を最初に提言したのは、フランスのボルディエ（Bordier, 一八八八年）だとされるが、これを明白に、多くの資料に基づいて論じたのはシュタインメッツの功績である。また、全世界から一六一例を集め、それらを信憑性にもとづき五段階評価している点もよい。それによれば、最も信頼度の高い「一」評価に値する事例は一七例とされる。

ほぼ同時期、日本のカニバリズムについて英語論文が書かれた。周知のごとく在野の博物学者・民俗学者として活躍した、南方熊楠（みなかたくまぐす）（一八六七―一九四一）の「日本の記録にみえる食人の形跡」[181]で、『ネイチャー』誌に投稿したが、掲載されなかった英文草稿である。一九七五年に岩村忍編でその全集に収められ、二〇〇五年には邦訳が出版された。南方は、E・S・モースの食人論[182]に賛意を示し、寺石の先行研究（下記）に言及した他、タイラーが『ブリタニカ百科事典』第九版に示した分類に従い、（一）習慣、（二）飢饉、（三）怒り、（四）屍愛、（五）呪術・医薬、（六）宗教、の事例を日本の史料から多数挙げている。

南方が引いた寺石とは、高知県の郷土史家・考古学者、寺石正路（一八六八―一九四九）で、『食人風俗志』[183]の著者である。本書は、初め一八八八年「食人風習ニ就テ述ブ」という論文として発表、[184]のち一八九八年に『食人風俗考』と題する単著として東京堂から出版されたのを、増補改訂して出したものだ。自ら収集した和漢洋の資料と独自の理論にもとづき、食人俗の種類を多数に分類した。附録の「人体犠牲志」では人身供犠と首狩について略述している。なお、同年に出た法学者・穂積陳重の『隠居論』[185]も「食老俗」を詳述しており、寺石やシュタインメッツの研究に評価を与えている。

一九二〇年代には、京大教授を務めた東洋史学者である桑原隲蔵（一八七一―一九三一）「支那人間に於ける食人肉の風習」[186]が出た。中国における食人資料（アラビア人旅行記の仏語訳を含む）を集成し、（一）飢饉の時に人肉を食用、（二）籠城して糧食尽きた時に人肉を食用、（三）嗜好品として人肉を食用、（四）憎悪の極み、怨敵の肉を食らう場合、（五）医療の目的で人肉を食用、の五種類に分類した。

スマトラ島のバタック族

スマトラ島の食人習俗は古くから知られていた。東南アジア史を専門とする弘末雅士の研究[187]にもとづきながら、略述してみよう。それによると遅くとも九世紀以降、アラブ人旅行記には北スマトラのファンスール（バルス）やランブリ（アチェ）の内陸部、さらに周辺のニアス島・アンダマン諸島に「人食い」が居住すると記されている。

元朝のフビライ・カーンの使節一員としてペルシャに向かったマルコ・ポーロは、一二九二―九三年にパサイ（サムドラとも。北スマトラの港市）に悪天候のため五ヶ月間逗留した。『東方見聞録』の中で、その地の王は勢力も強く富も大であると述べた後、こう記している。

ところで、マルコ氏とその一行の人々がどのようにしてこの地で五ヵ月間を暮らしたか、その模様をお伝えしよう。この島に上陸して二千人の一行とともに五ヵ月間を送ったマルコ氏は、まず野営地の周囲に大きな濠を掘りめぐらし、島の内陸との連絡を遮断した。これは、人間をすら捕えて食用にあてるという野獣に近い土人を警戒しての措置であった。[188]

彼はパサイに寄港する直前、同じく北スマトラのプルラク〔ファーレック〕に立ち寄っていたが、そこですでに食人族の噂を聞いていた。

ファーレック王国の住民は元来はすべてが偶像教徒であったが、サラセン商人がこの地にひんぱんに来航するようになって、一部の都邑在住民だけがマホメットの教えに改宗することになった。山地に住む島民はまるで野獣のようで、肉なら不浄であろうがなかろうが、何でもかまわず食用に供するし、人肉すらも食べるのである。[189]

胡椒取引が本格化した一五―一七世紀、内陸部とりわけバタック族における「人食い」風聞もエスカレートし、東南アジアにおける胡椒の主要産地の一つとなったパサイを、一四三五年に訪れたニコロ・デ・コンティの記述は、弘末によれば以下のようである。

ゼイラム〔スリランカ〕からコンティはタプロバナという島にある立派な町へ渡った。

その島を地元の人々はシャムテラ〔サムドラ＝パサイ〕と呼ぶ。コンティはそこに一年間滞在した。その町の周囲は六マイルで、その島の商品を取引しているたいへん高貴な町である。……コンティがいうには、タプロバナは周囲が六〇〇〇マイルある。人々はたいへん残忍で、習慣は野蛮である。……彼らは偶像崇拝者である。この島は通常より大きい胡椒および長胡椒、龍脳とまた莫大な量の金を産する。……この島のバテックと呼ばれるところに、人喰いが住んでいて、つねに彼らの近隣の人々と戦いをおこなう。彼らは頭蓋を宝物として保持する。なぜなら彼らは敵を捕えると首を切り落とし、その肉を食べ、頭蓋骨を貨幣のかわりに使うためにたくわえるからである。……家に頭蓋を最多有する者がもっとも裕福であるとみなされるのである。[190]

その後は、こうしたバタックの食人俗・首狩についての直接観察の記録も増加してゆく。やがてバタック地域は一九〇八年までにオランダ植民地政庁の支配下に置かれ、食人も禁止された。こうした中で食人の語りは後退し、過去の事象となっていった。

けれどもバタックは、食人俗の古典的事例として有名になった。ウィーンの民族学者ハイネ＝ゲルデルンは東南アジア諸民族文化の概説において、次のように述べている。

食人俗は首狩や人身御供と結合して現れることが、きわめてしばしばである。食人によって勇気や狡猾やそのほか被殺害者の望ましい特質を自分のものとすることが期待されるか、または復讐を果たそうと図られるのである。バタック族のいくつかの部族では、食人は特定の犯罪に対する処罰としても見出される。バタック族以外では、全身が食用に供されるのではなく、肝臓・心臓・脳髄・母指球〔親指の付根〕のような特定部位だけが食べられるのであって、時に血液も飲用される。呪術的理由にもとづくこの部分的食人は、首狩よりも広く分布しており、多くの文化民族〔シャン人、クメール人、中国人〕の戦士によってさえ、今なお行われている。食人が明白な嗜好のために発達したのは、わずかにバタック族の一部においてだけである。[191]

なお私〔山田〕自身の訪問体験によれば、バタック族のもとでは、今なお会話中に過去の食人の話題が出ることがある。

事例の集成・分類の完成

一九三〇年代には、今に至るまで、カニバリズムに関する最も豊富な資料集成が出版された。ドイツの民族学者エーヴァルト・フォルハルト（一九〇〇―四五）による『カニバリズム』[192]で、五四〇頁の大著である。第一部では全世界からの事例・分布をアフリカ、オセアニア、アジア、アメリカの順に列挙し、第二部ではカニバリズムの性格を、次の四種類に分けている。（一）世俗的カニバリズム：人肉が単に食料と見なされている場合で、人間と動物を区別しない（「肉は肉」）、飢餓や動物性食料の欠如、美食への欲求などの理由から行われるカニバリズムである。（二）司法的カニバリズム：罪人や敵人（捕虜・奴隷など）に対する憎悪・軽蔑・復讐欲からの食人。（三）呪術的カニバリズム：呪力・生命力や属性などを獲得するためのもので、これが最も多い。アンドレーの「俗信」からの食人に相当する。フォルハルトは、単に誰のでもよいから人肉を食する場合（呪力・生命力の獲得）と、当の相手が誰であるかを重視する場合（属性獲得）の二つを区別した。（四）儀礼的カニバリズム：神祇崇拝（神々の行為の模倣としての食人俗）、死者祭儀（首長などの葬礼に際しての食人）、近親食人（族内食人）、戦勝祭宴、成人祝祭、人間と豊穣の観念（生の前提としての死・殺害）、などと結びついたカニバリズム。以上の四種類である。そして著者の考えでは、これは食人俗の表層的意義から本質的意義へ迫っていくための分類・順序でもある。なおフォルハルトは、フランクフルトの文化形態学研究所を主宰した民族学者レオ・フロベニウスの弟子で将来を嘱望されていたが、四四歳で戦死した。

次に挙げたいのは、ミュンヘン大学教授を務め、南米を専門とした民族学者オットー・ツェアリースの論文「南アメリカにおける族内食人俗」[193]である。この地域・テーマではおそらく最も包括的な論考で、残念ながら本文はスペイン語だが英語・ドイツ語の要旨が付いている。まず分布を明らかにし（分布図付き）、南米での族内食人俗は死体を焼いた後、その骨の灰を飲むという形態が中心であることを述べ、焼畑との結びつきが強いが、狩猟採集活動とも結合しており、おそらく後者の段階ですでに存在した習俗だろうと結論している。

学術的とは言いがたいが、悪魔学に造詣の深い歴史研究者ロラン・ヴィルヌーヴの『カニバリズム――食人の節度と逸脱』[194]も挙げておこう。一九六五年にハードカバー版が、七三年にはそのペーパーバック版が出た。本書は一般向けだが、文献リストは非常に充実しており、とくにフランス語圏で出た文献はかなり網羅されている。栄養、戦闘、宗教、病理などに分けて記されている。

日本でもこの時期、「センセーショナル」な本が続出した。そのうち篠田八郎『喰人族の世界』[195]は、同様のテーマで多数の本を出した著者によるもの。下記シュピールの筆致に近く、全世界の食人風習をおもしろく紹介している。

そのシュピールとは、ドイツの翻訳家・著述家クリスチアン・シュピールで、著書『人が人を喰う――カニバルの世界』[196]は邦訳もなされた。本書は一般向けにおもしろく書かれているが、アンドレーやフォルハルトなど、基本的な先行研究はきちんとおさえている。
この時期、さまざまな理論書が出たが、中でも出色なのは米国の人類学者マーヴィン・ハリス(一九二七―二〇〇一)による『カニバルと王――文化の起源』[197]であろう。ハリスは、その「文化唯物論」によって食人俗も説明する。[198]つまり、動物性蛋白質の不足が究極的原因だというわけだ。結論はシンプルだが、膨大な資料と広大な視野は圧巻である。なお同著者の『食べるにふさわしい――食と文化の謎』[199]も参照されたい。

トゥピナンバの戦争カニバリズム

ドイツ人の船員ハンス・シュターデン【図10】は、一五五四年に難破してブラジルのトゥピナンバ族に捕らえられ、九ヶ月余りをそこですごした。その間、興味深い観察をし、帰欧後の一五五七年、『新世界アメリカにおける、野蛮で裸体で獰猛な食人種の国についての真正なる物語と記述』を多数の木版画を付して出版した。[200]
さて、シュターデン著の第二九章は「いかなる儀式で、彼らが敵を殺して食べるか。いかにして撲殺し、それをどう扱うか」である。一部を原文から訳出してみよう。

彼らが敵たちを村に連れ帰って来ると、女たちや少年たちがこの者たちを殴る。そのあと捕虜を灰色の羽で飾り、目の上の眉毛をそり落とす。逃げられないようにしっかり縛りあげ、そのまわりを踊りまわる。捕虜は、拘禁役で助手役ともなる女を一人あてがわれる。そしてこの女たちが妊娠すると、子供は大きくなるまで育て、それから気が向いたら撲殺して食べる。

捕虜にはよい食事を与え、しばらく養うが、その間に飲み物を入れる甕を作り、……。すべての準備が終わると殺す日を決め、近隣の村の野蛮人たちに招待を伝える。それからすべての甕に飲み物を満たす。女たちが飲み物を作る一日か二日前に、捕虜を一、二度、彼の処刑場に連れて来て、そのまわりを踊る。

図10　ハンス・シュターデン

外来の客たちがみな集まると、村の首長は歓迎の挨拶をし、自分たちの敵を食べる手伝いをしてほしいと言い、……彼らは犠牲者の顔に色を塗り、女たちがその作業をしている間、他の女たちは歌い、そして、彼らは酒を飲み始めると、捕虜をそばに連れて来て、彼にも飲ませ、ともにお喋りする。酒宴が終わると、翌日は休息し、処刑場所に小屋を建て、その小屋で捕虜は厳重に拘禁され、その夜をすごす。そして翌日、彼らは夜が明けるかなり前から、撲殺用の棍棒の前で踊り歌い始め、それは夜が明けるまで続く。その後、彼らは捕虜を小屋から引きだして来る。……捕虜が女たちに投げつけるための石を彼のそばに置いてやる。女たちは彼をあざけり、お前を食べてやる、と脅しながら走りまわる。彼女らは身体に色を塗っており、彼が解体されたら、その四肢を持って小屋のまわりを走ることになっている。……

次に、捕虜から約二歩の所に火をおこす。彼はその火を見なければいけない。その後、女がイウェラ・ペンメという名の棍棒を持って来る……喜びの叫び声をあげながら、捕虜によく見えるように、その前を走りまわる。そして、一人の男が棍棒を手に持ち、捕虜の前に立ってそれを見せる。その間、撲殺役の男は、一四、五人の他の男たちと、他の場所に引き下がり、自分たちの身体に灰を塗る。やがて彼は仲間たちと戻って来て、捕虜の前で棍棒を持っている男が棍棒を撲殺役に手渡す。そこへ村の首長が来て、棍棒を手に持ち、撲殺役の両脚の間に一度突き入れる。これは彼らにおいては栄誉である。撲殺役はそれを握り、犠牲者に次のように告げる。「お前を殺すのはこの私だ。お前の仲間たちが私の仲間をたくさん殺し、食べたからだ」。それに対して捕虜は答える。「私が死んでも、復讐をしてくれる仲間たちはたくさんいる」。そして、撲殺役が背後からその頭に打ちおろすと、脳が飛びだす。

すぐさま女たちが死体に取り付き、火の所に運んで、皮をすっかり剝ぎ、まったくの白むきにし、何も出て行かないように、木片で肛門に栓をする。皮を取り去ると、一人の男が死体を切り分け、足を膝から、腕を胴から離すと、四人の女がそれら四つの肉片を摑みとり、それを持って小屋のまわりを、喜びの叫び声をあげながら走る。その後、彼らは背中と臀部を前身部から切り分け、分配する。ただし内臓は女たちのものになる。これの煮汁でミンガウと称する粥を作り、これを女たちと子供たちが飲み、内臓は食べてしまう。また頭部の肉や脳味噌も、舌も食べ、そのほか食べられる所はすべて、少年たちが食べてしまう。

これが終わると、全員が少しずつ土産に持って帰って行く。撲殺役は新しく名前をもう一つもらう。……彼はその日、一日中自分のハンモックに横たわっていなければならないが、暇つぶしの遊びになるように、小さな弓と矢が与えられる。そうしていないと彼の腕は撲殺のショックのために力を失ってしまうと言う。私はその場にいて、その一部始終をこの目でしかと見たのだ。[201]

同様の記述は、当時続々と発表された。特に、フランシスコ会修道士アンドレ・テヴェ（一五〇四？―九二？）『南極フランス異聞』[202]は、一五五五―五六年のブラジル滞在にもとづき、その第四〇章は「これらの野蛮人たちが、戦争で捕えた敵をいかにして殺し、食べるかということ」である。またカルヴァン派の牧師ジャン・ド・レリー（一五三四―一六一三）の『ブラジル旅行記』[203]も、ほぼ同時期の一五五六―五八年ブラジル渡航にもとづいており、その第一五章は「アメリカ人は戦争捕虜をいかに遇するか、また彼らを殺して食う際に行なわれる儀式について」であった。なお、テヴェやド・レリーの記録は、初期の第一級の民族誌として、後の人類学者メトローやレヴィ＝ストロースから高く評価されている。

そして有名な話だが、フランスのモラリスト、ミシェル・ド・モンテーニュ（一五三三―九二）は、ブラジルで一〇年ないし一二年間すごした知人からトゥピナンバ族の食人について聞き、その文化相対主義的な、あるいは「高貴な野蛮人」的な思想を吐露している。

私は、このような行為のうちに恐ろしい野蛮さを認めて悲しむのではない。むしろわれわれが彼らの過ちに正しい判断を下しながら、われわれの過ちにまったく盲目であることを悲しむのである。私は死んだ人間を食うよりも、生きた人間を食うほうがずっと野蛮だと思う。まだ十分に感覚の残っている肉体を責苦と拷問で引き裂いたり、じわじわと火あぶりにしたり、犬や豚に噛み殺させたりするほうが、（われわれはこのような事実を書物で読んだだけでなく、実際に見て、なまなましい記憶として覚えている。それが昔の敵同士の間でなく、隣人や同胞の間におこなわれているのを、しかもなおいけないことには、敬虔と宗教の口実のもとにおこなわれているのを見ている。）死んでから焼いたり、食ったりすることよりも野蛮であると思う。

……

したがって、理性の法則から見て彼らを野蛮であるということはできても、われわれにくらべて彼らを野蛮であるということはできない。われわれのほうこそあらゆる野蛮さにおいて彼らを越えているのである。彼らの戦争はあくまでも気高く、高潔で、この人間的病気がもちうる限りの美点と釈明とをもっている。彼らの間では、戦争は武勇への熱意ということのほかに何の動機もない。彼らは新しい領土を征服しようとして戦うのではない。なぜなら、働いたり骨折ったりしなくとも必要なものは何でも自然から豊富に授かり、境界を拡げる必要もないからである。彼らはいまだに自然の要求が命ずるだけしか欲求しないという幸福な状態にある。それ以上のものはすべて彼らにとっては余計なのである。[204]

繰り返し引用される文章だが、ここには当時のヨーロッパの混乱ぶりと、新大陸への憧憬と恐怖が、知識人の目から吐露されており、大変興味深い。

視点の転換と混乱

さて、食人俗研究に大きな転換と混乱をもたらしたのは、人類学者ウィリアム・アレンズ（一九四〇年生れ）による『人喰いの神話』[205]である。著者は当時ニューヨーク州立大学准教授で、のちに教授を務めた。アレンズは言う、「この方面の研究、学者仲間との討論、私自身の熟考の結果、私は今では、社会的に受け入れられた慣習として食人が存在したことは、時代と場所を問わず、なかったのではないかと考えるようになっている。生か死かという状況下で、また滅多にない反社会的行動として、食人が行われることは、いかなる文化においてもあり得ないことではない。しかしそれが慣習であるためしはなく、常に嘆かわしい行為とみなされている。こうした見解は勿論、誰もが持っている知識と、それに数多い証言に敢えて挑戦するものだ」[206]。そして「私のこの結論は次の事実に基づいている。すなわち、どのような社会にあっても、どのような形であれ、生きるか死ぬかの状況下を除いて、食人行為が慣習として存在したという満足のいく証拠が、私には見出せなかった。

噂や疑惑や恐怖や非難にはことかかない。しかし、満足な直接記録はひとつも存在しないのである。専門家の学識を傾けた論文は枚挙にいとまがない。だが、それらを支える民族誌は不充分なのだ」。[207] アレンズ以後の食人俗研究は、ほとんど必ず本書を引用しており、影響力は多大である。私見では、本書がオックスフォード大学出版局から出たこと、日本では岩波書店から刊行され、山口昌男という著名な人類学者が解説を書いたこと、主張が分かりやすいこと、などがその理由ではなかろうか。しかし賛否両論あることは、後述のとおりである。なおアレンズはアンドレー、シュタインメッツ、フォルハルトなどの古典的研究をまったく引用していない。また彼は、ほぼ二〇年後に発表した論文でも、同様の主張を繰り返している。ただし、南米の骨灰族内食については旧説を撤回した。[208]

しかし、アレンズの著書ほど知られてないとはいえ、これに対する批判は続々と出された。たとえば、当時ウォータールー大学に所属していたトーマス・S・エイブラーの論文「イロクォイ族のカニバリズム――事実にして虚構にあらず」[209]が挙げられる。これは、アレンズへの素速い批判として発表されたものだ。エイブラーは一七世紀イエズス会士らによるイロクォイのカニバリズム記録にもとづき、アレンズの論を「ずさんな研究」(sloppy scholarship) と結論、同様の批判はその後相次いだ。なお近年では、イロクォイのカニバリズムは儀礼的に他者を取り込むことであった、という側面も論じられている。[210]

アレンズ批判として、当時ブライアム・ヤング大学に所属していたドナルド・W・フォーサイスの論文「ハンス・シュターデンに拍手喝采――ブラジルのカニバリズム擁護論」[211]もすぐれている。ブラジル・トゥピナンバ族のカニバリズムに関するハンス・シュターデンの記述を擁護しつつ、アレンズが指摘したいくつかの点に反駁している[212]。とくに以下は傾聴に値する。まずシュターデンは教養ある人物で数カ国語に通じ、その著書を自分で執筆したのは間違いないこと。アレンズが、シュターデンが帰欧後九年もたってその著書を出したと述べているのは誤りで、実際はブラジルを経ってから三年、帰欧後二年であること。シュターデンはトゥピナンバ語を習得して現地人の言葉を理解した他、フランス人ともトゥピ語で会話していたこと、などである。またフォーサイスは、トゥピナンバのカニバリズムは一六世紀イエズス会士たちによる報告からも確認できる、と別の論文で詳述している[213]。さらにまた、ブラジルの人類学者ヴィヴェイロス・デ・カストロもイエズス会士たちの記録をもとに、トゥピナンバにおけるカニバリズムの内的論理を探究した[214]。しかし近年でもまだ、こうしたブラジル初期民族誌の信憑性を疑い、植民地化を正当化するために歪んだ「他者」像を描きだした、とする論調をとる研究者もいる[215]。私見では、こうした議論はイデオロギーが先行するあまり、かえって事実から目を背けるものではないだろうか。

一九八〇年代から九〇年代には、他にもいくつかカニバリズム関連の論著が出ている。たとえば、女性人類学者のペギー・リーヴズ・サンデイ『聖なる飢餓――文化システムとしてのカニバリズム』[216]。ペンシルヴァニア大学文化人類学部教授である著者が、精神分析などの理論に依拠しつつ、カニバリズムの象徴的側面を論じた書である。ただし族内食人俗をほとんど無視し、飢餓状態に陥った際の対応として、カニバリズムをとらえる傾向が強い。

続いてはブライアン・マリナー『カニバリズム――最後のタブー』[217]。著者はイギリス人で、強盗罪で五年服役後、犯罪心理に関する著作を多数発表しているらしい。したがって全四章構成のうち、第一章で世界各地の食人俗を民族誌類から引いている他は、ほとんど彼の関心事である犯罪的食人の記述である。

九〇年代には、短いがすぐれた論文として、吉岡郁夫「医療としての食人――日本と中国の比較」[218]が出た。著者は愛知学院大学教授で医学博士である。桑原隲蔵による中国の食人慣習に関する論文に倣い、日本の事例を列挙・整理した上で、日本にも（一）飢饉における食人、（二）籠城の際兵糧が尽きたときの食人、（三）葬儀の際の儀礼的食人、（四）医療を目的とする食人、が行われてきたことを実証している。なお吉岡著『身体の文化人類学――身体変工と食人』[219]では、食人俗の分類（シュタインメッツおよびトーマスに基づく）と、先史人骨における食人の痕跡論に中心が置かれており、カニバリズムの扱いもそれほど大きくない。

礫川全次(こいしかわぜんじ)編『人喰いの民俗学』[220]にも言及しておこう。著者はノンフィクションライター、歴史民俗学研究会の主宰者である。本書は、日本で出たカニバリズム論二五編を集成したもので、その解説では、モースの大森貝塚発掘が日本の食人議論の大きな契機になったことなどに言及している。礫川によると、カニバリズムに対するアプローチは主に二つに分けられ、「一つは『未開野蛮』な民族に見られる(見られた)それを、文化人類学的な立場から研究しようとする方向、もう一つは、近現代において『犯罪』として発生するそれを、精神医学、犯罪学等の立場から研究しようとする方向」である。後者は、私にとっては関心外である。

ドイツでは、ハイディ・ペーター＝レッヒャー著『人喰いという神話――カニバルの料理鍋を拝見』[221]が刊行された。著者は女性考古学者で、当時の所属はベルリン自由大学である。関連論文も出しているが、本書はアレンズ流の立場に立っている。

本節の最後に、世紀末に出た一般書として、マルタン・モネスティエ『図説 食人全書』[222]を挙げねばなるまい。著者はフランスのジャーナリスト・作家で、他にも死刑・自殺・排泄・奇形・決闘などについての書物を出している。率直に言って、私とはかなり方向性が違うのを感じる。

ニューギニア高地フォレ族の病クールー

ニューギニア高地フォレ族のクールーと呼ばれる伝染病は、痙攣や震えを特徴とし、これが九ヶ月ほど続いた後、ついには起居・飲食もできなくなり、死に至る。はじめは遺伝や環境内の毒性物質が疑われたが、フォレ族の族内食人、とくに脳内の悪性蛋白質プリオンに基づくと判明した。クールーに罹患するのは主に女性や子供だったが、彼らは社会的に低階層のため、脳を食べる場合が多かったらしい。他方、フォレ族ではこの病気を「邪術」によるものと考えていた。族内食人を止めることでこの病気は消滅したが、フォレ族がそれをやめたのは刑務所に入るのがいやだったから、と説明されている。クールーは社会構造にも多大な影響を及ぼした。多くの男性が妻を失い、結果として家事や農作業に従事しなければならなくなった。

なお、米国の医学者ガジュセック（Daniel Carleton Gajdusek, 一九二三―二〇〇八）はこの病気の原因をフォレ族のカニバリズムと特定したことで、一九七六年にノーベル生理学・医学賞を受賞した。[223]

アレンズはクールーについて詳述したが、[224] カニバリズムとクールーは無関係と結論し、むしろヨーロッパ人との接触が密になったことがこの病気の原因、と主張した。しかしハーバーベルガー(後述)は、ヨーロッパ人には罹患例がないことなどから再反論、[225] 近年の宗教人類学の教科書でも、クールーはカニバリズムが原因、と明記している。[226]

より客観的なカニバリズム研究へ

上述のとおりアレンズ・ショック以後、しばらくは混乱したかに見えたカニバリズム研究だが、二〇〇〇年代に至って、より客観的で冷静な態度が認められるようになった。その先陣を切ったのは、『ネイチャー』誌に掲載された生理学者ジャレド・ダイアモンドの短報「カニバリズムを語る」[227] である。すぐれた人類文明論『銃・病原菌・鉄』の著者としても有名な彼はここで、アレンズ批判を展開した。米国西南部の九〇〇年前の遺跡から、まぎれもないカニバリズムの痕跡が発見された。それでも無いと言い切れるのか、カニバリズムは「神話」だと言う論者の根拠は何なのか。そうダイアモンドは問いかけ、次の四点を考慮すべきである、と述べた。(一) 西洋人のカニバリズムに対する嫌悪には、根深いものがあること。(二) そのため、宣教師や植民地行政官はかつて、カニバリズムと出会うとすぐに禁止したこと。(三) カニバリズムの証拠を持ち出す西洋人は、非西洋世界を誹謗中傷としているとして糾弾されがちなこと。(四) どの社会にも、人前でしてよい行為と、することが憚られる行為があり、カニバリズムは後者に属するため、直接の目撃記録が少ないと思われること。以上は私見によれば、真摯な問いかけであり、今後カニバリズムを研究する者が心に留めるべきポイントと思われる。

さて二〇〇三年には、異なる側面からのカニバリズム論が出た。ブカレスト大学・政治学講師である著者カタリン・アヴラメスクによる『カニバリズムの思想史』[228]で、初めルーマニア語で出版され、二〇〇九年に英訳が刊行された。極限状況における食人の是非、犯罪者を罰し・食することの是非、「野蛮人」の食人俗に対する反応、人間の野蛮性についての考察など、欧州の思想家・哲学者がカニバリズムとどう対峙してきたかを論じている。私の関心とはややずれる。

次に挙げるべきは、シャーリー・リンデンバウム(ニューヨーク市立大学)の論文「カニバリズムについて考える」[229]であろう。これが掲載された『人類学年報』誌は、人類学における主要トピックの近年の動向を広い視野からレビューする性格の学術誌で、本論文から近年の研究や現状を知ることができる。ただその主張は、かつて異国趣味と結びついて語られてきた食人俗イメージを再考する必要がある、というやや月並みなものだ。なお彼女には、上述したニューギニア高地の「クールー」に関する専著もある。[230]リンデンバウム論文と併せ読むべきものとして、ブラウンとコンクリンの共著「カニバリズム」[231]がある。これは宗教学の基本事典に載った項目であり、上記レビューと同様、近年の文献情報が得られる。[232]

二一世紀になって冷静な研究が増えたとはいうものの、アレンズの影響力はまだ残っている――たとえば、スリランカ出身の著名な人類学者ガナナート・オベーセーカラ（一九三〇年生れ）著『カニバル・トーク――南海の人喰い神話と人身供犠』[233]に見られるように。これは著者が、一九八九―二〇〇三年に書かれた論文を集めて出した本で、オセアニアにおけるカニバリズムについて、西洋からの偏見、船乗りによる噂話（つまりタイトルのカニバル・トーク、食人者の語り）という側面を強調している。執筆時点の風潮も勘案すべきではあるが、アレンズの影響が色濃い。

それに対し、より客観的な論著として、シモン・ハーバーベルガー『コロニアリズムとカニバリズム――独領ニューギニアと英領ニューギニアからの諸事例　一八八四―一九一四年』[234]がある。バイロイト大学で近現代史を専攻した著者の博士論文だ（二〇〇五年提出）。序論ではまず、ブラジル・トゥピナンバの古典的事例とニューギニア・フォレ族のクールーを例としながら、アレンズの所論を批判する。そして地域・時代を限定した上で、各種の文字史料（未公刊物多数）を利用し、カニバリズムの事例とそれへの植民地行政・宣教師らの反応を解読する。ソロモン諸島北部・ニッサン島では自らインタビューを行い、一九〇七年に起きた事件の記憶がいまだ鮮明に語られていることを詳述する。

日本でも、食人論について手堅い論著が相継いでいる。たとえば奈良高校教諭で、中国民間伝承研究の第一人者たる斧原孝守（おのはらたかし）「中国西南少数民族の食屍伝承――東アジアの族内食人俗との関連」[235]がそうした一例だ。これは、中国少数民族を対象に、民間伝承の側面から食屍問題を扱うことで、新境地を開いた独創的な論文である。今後進めるべき研究方向の一つが示されている。

ほかに、日本とくに先史時代における食人研究史のレビューとして、鈴木高史「日本国内における食人研究」[236]がある。

さてフランスでは、野心的なカニバリズム論が出版された。マルセイユのノルベール・エリアス研究所（CNRS）に所属する研究者ジョルジュ・ギーユ＝エスキュレ著『他者（ひと）を食う人間（ひと）――文明と食人』[237]である。『カニバリズムの比較社会学』と題された三部作[238]（一『アフリカにおける犠牲と捕虜』、二『アジア・オセアニアにおける他者の摂取』、三『アメリカにおける親愛なる敵と多義なる吸収』）にもとづき、自民族中心主義の表現としての食人俗論という、思想史的検討を展開している。ただし、シュタインメッツは引いているものの、アンドレーを無視し、フォルハルトについては、ドイツ語圏のカニバリズム研究で「最もよく知られた参考書」だが「人種差別的と非難されることは稀とはいえ、評判はよくない」と一刀両断しており、疑問が残る。

さて、日本における食屍習俗については、上述した吉岡郁夫の論文[239]のほか、国分直一『日本民族文化の研究』[240]、同著『環シナ海民族文化考』[241]、飯島吉晴「骨こぶり習俗」[242]、井之口章次「骨かみについて」[243]など、すでに先行研究が存在していたが、急逝した近藤雅樹による「現代日本の食屍習俗について」[244]が発表された。火葬後、近親者が集まり、遺骨を粉にするなどして服用する日本国内各地（兵庫県淡路島南部、愛媛県越智郡大島、愛知県三河地方西部ほか）の習俗についての最新の論考である。著者によれば、「近親者による食屍は、アブノーマルなことに思われる。しかし、長寿を全うした者、崇敬を集めていた人物が被食対象となっていることからは、死者の卓越した生命力や能力にあやかろうとする素朴な思いが反映していることを認めることができる。最愛の遺骨をかむことに対しても、愛惜の感情が表明されている。これらの行為は、素朴な人間感情の表出であると考えてよい」。私も同感である。

日本の骨かみ

上掲の諸研究から、日本での「骨かみ」「骨こぶり」についていくつかの例を挙げてみたい。早期の記録で、田代安定「沖縄県八重山列島見聞余録」[245]によると、西表島干立（ほしだて）村（竹富町）では、昔、人が死ぬと、みな寄り集まって、頭、手、背、脚などどこでも割いて食い散らしていた。それを慶田城（けだぐすく）という人が厳しく諫めてからなくなった、と伝えられていた、という。

次に沖縄学の父・伊波普猷『をなり神の島』によれば、「……こういう民間伝承がある。昔は死人があると、親類縁者が集って、その肉を食った。後世になって、この風習を改めて、人肉の代りに豚肉を食うようになったが、今日でも近い親類のことを真肉親類（マッシ、オエカ）といい、遠い親類のことを脂肪親類（ブトブトーオエカ）というのは、こういうところから来た云々」[246]。

この問題に精力的に取り組んだのは、考古学者・民族学者の国分直一である。それによると、

池間、新里両氏の『与那国島誌』には、石垣島では親類のものに死者が出たことを老人に告げると「アンスカ、ムム、フィリンサカメ」（それでは股たべられるね）と答えた

ものであるといっている。宮古島にも今なお「葬儀に行こう」という代りに「骨嚙りに行こう」という言葉が遺っているという。石垣島では「葬式に行くか」という代りに「プッオイナ、ハラヌ」（人喰いにゆくか）と挨拶するという。喜舎場永珣氏は、石垣島でも「プッカンナ・ハラ」ともいうと語られた。「人嚙みに行こう」の意である。大分県の伊佐で、葬式の手伝いにゆくことを「骨こぶり」にゆくといい、対馬でも「骨こぶり」という言葉が用いられる。下関市吉見・彦島・内日では、葬儀に際して、親類たちは「ホネカミ」または「ホネカジリ」とよばれる行事を行なう。こげた飯をかじる行事である。なお、……下関市安岡・小野・高道・勝山等の地区では、葬儀の際、「骨嚙み」と称して、小豆を嚙む所があるという。山口県豊浦郡豊浦町涌田では、火葬の灰をなめると夏やせしないとされている。父の灰も母の灰もなめたから、父も母も自分の中にいるという自覚をもっている青年のいること〔…も…〕教示された。折口〔信夫〕博士は「食人習俗の近親の肉を腹に納めるのは之を自己の中に生かそうとする所から、深い過去の宗教心理がうかゞはれるのである」といわれている。[247] 現存の「骨かみ」「骨こぶり」などの言葉や行事、葬儀の際、牛肉や豚肉の肉片をわかつ南島現行の習俗の中には、折口博士の指摘されたような心理からくる、食屍肉習俗が先行していたものであろうか。[248]

そして国分はさらに、別の例も挙げている。

　ごく最近、宮本常一氏が西下されたので、「骨嚙み」についてお聞きした所、氏の御郷里である山口県大島ではあったといわれた。氏の祖父がなくなられた時、火葬の骨を叔父に当る人が嚙んだが、氏は嚙まなかったと語られた。その思想について、「去っていったものと一体になろうとする思想がかくれているのではないでしょうか」とおたずねすると、同感であるといわれた。……台湾の民族学者劉茂源氏によると、台湾にも相似の表現があるという。即ち、葬式にいくことを「吃相合肉（チアサアカッバア）（三角肉）」とも、「吃腐肉（チアヌアバア）」ともいったと教示された。南琉球における例と相応するもので、聞きすてにするわけにはいかない重要な意味がかくれているようにも思われる。……「骨嚙み」について、偏見をもって立ちむかわないなら、資料は次第に増加するであろう。[249]

傾聴すべき見解である。また若狭で注目すべき研究を展開している民俗学者・金田久璋の実体験によると、父は四十一歳で他界した。四十三年まえの焼き場の骨ひろいの光景が、今だに眼の奥に鮮明に焼きついている。葬式の翌朝、六親眷族があいつどって、余熱ののこる灰をかきだして骨をひろい、竹の箸で渡し箸をしていると、遠縁にあたる男が進み出て、石灰状になった脳みそをひとつまみ口に入れのみこんだ。自分は極道者だから、利口なひとの骨でもたべてあやからせてもらう、というのである。

小学二年生になったばかりの少年には、この情景は目をおおいたくなるような異常な体験であった。目のまえで父の死体の一部が縁者に食われている、という異和感にうちふるえ、その男をはげしく憎悪した。

もっともこの骨がみの習俗は、決して異常な葬送儀礼ということではない。……これらの事例は、かつて日本でもカニバリズム（人肉食）が葬送儀礼として行われていたことを物語っていよう。[250]

今後、こうした冷静かつ客観的な態度で、日本におけるカニバリズムの実態が明らかにされることを望みたい。

さて、こうして見てきたカニバリズム研究史は、我々に何を教えてくれるのだろうか。私の考えでは、オリエンタリズム・エキゾティシズム・エスノセントリズムといった偏見を前提とするのではなく、他方でその裏返しとして食人俗を否定し去るのでもなく、冷静に資料を再検討する必要があると思われる。その際、カニバリズムをひとくくりに扱うのではなく、先人の研究から学びつつ、性格の異なるいくつかの形態に分けて、丁寧に見てゆくことも重要だろう。そしてまた、時代や地域を限定することで、緻密な成果が生まれる可能性がある。ハーバーベルガーの研究はそうした先駆的なものと位置づけられる。しかしそれとともに、時代・地域を縦断・横断することで見えてくるものもあるだろう。日本の骨かみと南米の骨灰食人も魅力的な比較テーマである。いずれにせよ、人類学における従来の諸議論をきちんと踏まえて、将来のカニバリズム研究は進められるべきであろう。

注

＊178　Forster [1778–80]: 445, 邦訳上: 四一二。
＊179　Andree 1887.
＊180　Steinmetz [1895].
＊181　Minakata [1903].
＊182　モース［一八七九］。
＊183　寺石　一九一五。
＊184　寺石　一八八八。
＊185　穂積　一九一五。
＊186　桑原［一九二四］。
＊187　弘末　一九九九、二〇〇四：六五―九六、二〇一四。
＊188　ポーロ二〇〇〇、二：二一五―二一六。
＊189　ポーロ二〇〇〇、二：二一一―二一二。
＊190　弘末二〇〇四：六八―六九。
＊191　Heine-Geldern 1923: 934, 邦訳：三九三。
＊192　Volhard 1939.
＊193　Zerries 1960.
＊194　Villeneuve [1965].
＊195　篠田　一九六八。
＊196　Spiel [1972].　なお日本語版の訳者・関楠生は当時、東大教授。
＊197　Harris [1977].
＊198　とくに第九・一〇章（Harris [1977]: 145–189, 300–301, 邦訳: 一六八―二一九、三三七―三三八）。
＊199　Harris [1985]: 199–234, 255–256, 邦訳：二八三―三三六。
＊200　Staden 1557.　なお私が所有しているのは一九七八年の復刻版。現代ドイツ語版をポルトガル語に訳したものからの重訳として、『蛮界抑留記――原始ブラジル漂流記録』（西原亨訳、一九六一年）もあるが、これは原著と大きく異なる。英訳・仏訳もあるが、私は未見である。
＊201　参照、ハリス『食と文化の謎』邦訳：二九一―二九三、『蛮界抑留記』：二五七―二六六。
＊202　Thevet 1557.
＊203　de Léry 1578.
＊204　モンテーニュ　一九六五―六七、一：四〇四―四〇六。
＊205　Arens 1979.
＊206　Arens 1979: 9, 邦訳：九。
＊207　Arens 1979: 21, 邦訳：二五。
＊208　Arens 1998: 46.
＊209　Abler 1980.
＊210　Traphagan 2008.
＊211　Forsyth 1985.
＊212　Arens 1979: 22–31, 邦訳：二六―三八。
＊213　Forsyth 1983.

＊214　ヴィヴェイロス・デ・カストロ［一九九二］。
＊215　Myscofski, 2007–08.
＊216　Sanday 1986.
＊217　マリナー［一九九二］。私は原著（*Cannibalism: The Last Taboo!*）を目にしていない。
＊218　吉岡 一九九二。
＊219　吉岡 一九八九。
＊220　礫川（編）一九九七。
＊221　Peter-Röcher 1998.
＊222　モネスティエ［二〇〇〇］。原著は『カニバルたち――過去と現代の食人、その歴史と謎』（Monestier, Martin, *Cannibales:Histoires et bizarreries de l'anthropophagie hier et aujourd'hui*）というらしいが、私は未見である。
＊223　彼は後に児童虐待で名声を失った。
＊224　Arens 1979: 96–116, 邦訳：一二八―一五六。
＊225　Haberberger 2007: 9–11.
＊226　Stein & Stein 2011: 6–10.
＊227　Diamond 2000.
＊228　Avramescu [2003].
＊229　Lindenbaum 2004.
＊230　Lindenbaum 1979.
＊231　Brown & Conklin 2005.
＊232　Brady 1996も参照。

＊233　Obeyesekere 2005.
＊234　Haberberger 2007.
＊235　斧原 二〇〇七。
＊236　鈴木 二〇〇九。
＊237　Guille-Escuret 2012b.
＊238　Guille-Escuret 2010, 2012a, 2013.
＊239　吉岡 一九九二。
＊240　国分 一九七〇：四四八―四五五。
＊241　国分 一九七六：二八一―二八七。
＊242　飯島 一九八四。
＊243　井之口 一九八五。
＊244　近藤 二〇一二。
＊245　田代 一八九〇、礫川（編）一九九七：七〇―七八再録。
＊246　伊波［一九三八］：三七。
＊247　折口［一九五二］：三六三。
＊248　国分 一九七〇：四四八―四四九。インフォーマント名など一部省略。
＊249　国分 一九七六：二八四、二八六。
＊250　金田 二〇〇七：二四。

第五章

世界宗教における食

組織宗教と食の見取図

本書第一章は、教義や教団をもたないようなマイノリティの信仰と食の関係を扱った。最後の本章は、組織宗教における食、とりわけユダヤ教、キリスト教、イスラームというい わゆる一神教における食の問題をとりあげたい。

前置きとして、欧米で一九世紀後半に開始された宗教学には暗黙の前提が存在する。つまり、ヨーロッパ人の言語上の祖先であるアーリヤ系（インド＝ヨーロッパ語族）の宗教であるバラモン教、ヒンズー教、仏教と、古典古代の宗教が一方にあり、宗教上の祖先であるセム系のアブラハム一神教たるユダヤ教、キリスト教、イスラームが他方にあって、これらが主要な研究対象とされたことである。本章はそのうち主に後者の三宗教を取り扱うことにする。

そして、これは食にかぎらず他の文化現象についても言えることだが、三つの視点を常に念頭においておくべきだろう。それは共時的多様性、通時的な変化、そして普遍的な根拠である。つまり特定の宗教といっても地域により多様であるし、時代を経て変化してきたことも考慮しないといけない。ただし、そうした多様性と変化の根底に、人類文化としての普遍的な根拠が何か隠されているのかもしれない。このように文化をとらえることで、たとえば「イスラームでは豚も酒もだめです」というような教科書的な理解やステレオタイプ的な偏見、ないしは原理主義的なドグマを避けることができるのではないか。

ただそれとともに、当事者たちの内側からの見方と、研究者たちの外側からの分析はしばしば食い違うこと、それは宗教においては特に顕著なこと、にも注意しておきたい。

一応こうした留意点を挙げたうえで、アブラハム一神教における食タブーのおおまかな見取図を描くなら、次のようになる。ユダヤ教の〈反・豚〉に対してキリスト教の〈寛容性〉、そしてイスラームの〈反・豚〉というように、ユダヤ教とイスラームの間に一定の共通点が見出されるのである。なお、あえてこれに付け加えるなら、ヒンズー教の〈親・牛〉に言及してもよかろう。

図11　『コシェルと仲間たち』表紙
(Friedlander & Kugelmann 2009)

以下では、二〇〇九年から翌年にかけ、ベルリンのユダヤ博物館で開かれた「食と宗教」展の図録、『コシェルと仲間たち』[251]【図11】を基礎にしながら、上記の三つの視点を念頭に置きつつ、食と宗教について考えてみたい。

ユダヤの食規定（コシェル[252]／トレーフ）

旧約（ヘブライ語）聖書における食物規定をカシュルートという。そもそも旧約（ヘブライ語）聖書のうち、モーセ五書（ヘブライ語でトーラー「律法」）と総称される創世記、出エジプト記、レビ記、民数記、申命記は、本来一続きの文書として成立し、やがて適当な箇所で区切る必要から、現在のような五書の形をとることになった。そこにおいて祭儀や食についての規定が詳述されているのは、出エジプト記二五章一節からレビ記をへて、民数記一〇章一〇節までが中心である。が、それに留まらない。

まずレビ記一一章[253]に詳細な規定が記され、申命記一四章にもよく似た内容の規定がある。前者を見てみよう。

まずは陸に棲むすべての動物についてである。食べてもよい生き物は、「動物の中ですべて蹄が割れており、しかも蹄の割れ目が完全に分かれていて、かつ反芻するもの」。対して「反芻するだけか、蹄が割れているだけの動物」は食べてはならない、とされる。こうして除外されるのはらくだ（反芻するが蹄が分かれていない）、岩狸（反芻はするが蹄が分かれていない）、野うさぎ（反芻はするが蹄が分かれていない）、そして重要なことに豚（蹄は分かれており、蹄が完全に割れているが、反芻しない）も穢れたものとされる。以上の動物は食べてならないのみならず、それらの屍骸に触れてもならない。こうして見ると、牛、羊、山羊、ノロジカは食べてよかったことになり、聖書に出ていない動物（キリン）なども可となる。豚、馬、ラクダ、犬、猫、熊、リス他の齧歯類は不可とされた。

次に来るのは水中に棲むものである。そのうち「すべてひれと鱗のあるものは、海のものであれ川のものであれ」、食べてもよいが、これらを持たないものは不可とされた。つまりニシン、鮭、マグロ、カワカマス、鯉などは可。鰻、鯰、チョウザメ、鮫などは不可。海棲の甲殻類（カニ、エビなど）および海棲哺乳類（鯨など）は不可、ということになる。

さて鳥類はどうか。「忌み嫌うべきもの」としては、鷲、禿鷲、黒禿鷲、鳶、隼の類、すべての烏（からす）の類、駝鳥、夜鷹、カモメ、鷹の類、ふくろう、鵜、みみずく、白ふくろう、ペリカン、野雁、こうのとり、鷺の類、やつがしら、こうもりが挙げられており、主として猛禽類が禁じられている。鴨・アヒル、鶏、七面鳥、鳩は食べてもよかった。

その次は表現がやや曖昧だが翅（はね）があって群棲するもの、すなわち昆虫の類についての規定だ。「四本の肢で歩くものはすべて」忌まわしく、「すべての翅があって群棲するもので、四本の肢で歩くもののうち、それら肢の上部に、地面を跳躍するための折れ曲がった肢のあるもの」は、食べてもよいという。具体的に食用としてよし、とされたのは、トノサマバッタの類、ヒシバッタの類、こおろぎの類、羽長蝗（はねながいなご）の類であった。

これに続く二四―四〇節では、食べることの可否は問題にされておらず、主として穢れたとされる動物の屍骸との接触による穢れの伝染と、その処理について述べられ、四一節から食物規定が再開される。

ここも曖昧なのだが、「すべて地上に群棲するもの」のうち、「すべて腹で這うもの」（蛇、カタツムリ、ナメクジなど?）、「すべて四本の肢で歩くもの」（飛ぶ習性のないアリ、ハサミムシなどの昆虫?）、「すべて多数の足をもつもの」（クモ、サソリ、ムカデ、ヤスデ、昆虫の幼虫も?）は駄目だとされる。

このように、爬虫類、両生類、昆虫類は一般に不可とされ、四種類のバッタ類のみが可とされたらしい。

最後にこの規定は、「以上は、動物、鳥類、水中にうごめくすべての生き物、地上に群棲するすべての生き物についての律法である。それは、穢れたものと浄いもの、食べてもよい生き物と食べてはならない生き物を区別するためのものである」としめくくられる。[254]

ただし、ユダヤ教における食の規定はこれだけにとどまらない。たとえばヤコブと天使が格闘した際、後者はヤコブの腿のつがい（股関節部分）にある座骨の筋を叩いたため（創世記三二章）、この部位は不可食とされる。このため中国ではかつて、ユダヤ教のことを「挑筋教（tiāojīnjiào）」（腱を取り除く宗教）と呼んだほどだ。

また食べることが許されるのは、ショヘットと呼ばれる屠殺専門家の手で、正しい方法で屠殺された動物の肉のみであり、咽喉部の気管・食道を大動脈とともに切断し、放血する仕方はイスラームと共通する。この仕方は、もとはエジプト由来かという説もある。

ほかに興味深いのは、乳と肉の分離の規定であり、出エジプト記二三章一九節「子山羊をその母の乳の中で煮てはならない」ほか複数箇所を典拠とするが、これの解釈には大きな幅がある（後述）。

分離は乳と肉にとどまらない。ブドウと他の植物、雄牛・ロバ、羊毛・亜麻糸の分離も定められている。申命記二二章九―一一節には「あなたはあなたの葡萄園に二種類の種を蒔いてはならない。あなたの蒔いた種の収穫物と葡萄園の葡萄が、それぞれ聖別すべきものとなってしまわないためである。あなたは、雄牛とろばをいっしょにして[255]耕してはならない。あなたは、羊毛と亜麻糸を混紡して織った着物を着てはならない[256]」。

この規定にもとづき、イスラエルではコシェルなワインの条件の一つとして、葡萄畑に他の野菜や果物を植えていないことが求められる。ただしイスラエルでもコシェルではないワインが生産されている。また羊毛と亜麻糸の混紡はシャトネッツと呼ばれ、米国にはこれを検査・監視する機関もある。

イスラームの食規定（ハラール／ハラーム）

まずクルアーン（コーラン）とイスラームの基本的理解を、井筒俊彦の『コーラン』解説から要約してみよう。[257] 歴史的に見ると、イスラームはユダヤ教、キリスト教につづいて現れた第三番目のセム系の宗教運動で、人格的唯一神の啓示を基とする全く同系、同種の宗教である。この三つの宗教の聖典は同じ一つの神（イスラームではアッラーと呼ぶ）の、時代と場所とだけを異にする同じ一つの啓示と考えているので、クルアーンの文章は旧約聖書とキリスト教の福音書とを至る所で意識的に踏まえている。クルアーンは、直接じかに神自身がムハンマドに乗りうつり、その口を借りて話しかけてくるその言葉をその時その場で記憶に留めたもの。すなわち神憑りの言葉である。そしてクルアーンは全一一四章から成るが、最初に下された啓示は第九六章であり、現行クルアーンは偶然の事情で、時期的に後のものほど前に並べる特殊な編集方針をとっている。

よって、以下の食規定の集中している二章や五章は、時期的に後になって付け加えられたものと見てよい。

ムハンマドの唱えた一神教は、それと正面衝突する多神教、つまりクルアーンの至る所で呪詛されている偶像崇拝に直属していた。井筒によれば「特にその最も下等な形態である聖石崇拝に」である。しかし、偶像崇拝にこれほど激しく対抗した当のイスラームも、結局は聖石崇拝をその祭祀形式の中心に採り入れざるをえず、メッカ（マッカ）の神殿カアバの真中に安置された石はその名残である。

なおムハンマドは西暦五七〇年頃マッカ（メッカ）に生まれ、四〇歳頃から孤独と瞑想のため洞穴にこもるようになり、新たな宗教を起こしたが、迫害にあい六二二年マディーナ（メディナ）にいったん移る。この地では富裕階級は全部ユダヤ人で、その旧約的な一神教の雰囲気の中でクルアーンの後半部分は形成された。

さてクルアーンでは、基本的には飲食の楽しみを享受する姿勢が述べられる。たとえば二章一七二―一七三節にはこうある。

これ、信徒の者よ、我ら（アッラー自称）が特に汝らのために備えてやったおいしい物を沢山食べるがよいぞ。そしてアッラーに感謝せよ。もし汝らが本当にアッラーにおつかえ申しておるのならば。アッラーが汝らに禁じ給うた食物といえば、死肉、血、豚の肉、それから（屠るときに）アッラー以外の名が唱えられたもの（異神に捧げられたもの）

のみ。それとても、自分から食い気を起したり、わざと（神命に）そむこうとの心からではなくて、やむなく（食べた）場合には、別に罪にはなりはせぬ。まことにアッラーはよく罪をゆるし給うお方。まことに慈悲の心ふかきお方。[258]

そしてレビ記に比べると規定は比較的単純であり、「死肉」については五章三―五節に詳述される。つまり、

汝らが食べてはならぬものは、死獣の肉、血、豚肉、それからアッラーならぬ（邪神）に捧げられたもの、絞め殺された動物、打ち殺された動物、墜落死した動物、角で突き殺された動物、また他の猛獣の啖った もの――（この種のものでも）汝らが自ら手を下して最後の止めをさしたもの（まだ生命があるうちに間に合って、自分で正式に殺したもの）はよろしい――それに偶像神の石壇で屠られたもの。それからまた賭矢を使って（肉を）分配することも許されぬ（人々が集ってする賭。矢をくじの代りに使って運をきめ、賭けた駱駝の肉を取る）。これはまことに罪深い行いであるぞ。

……

だが……はげしい饑饉の時、自ら好んで罪を犯そうとてするのでなく、無理強いさ

れる（前掲の禁止された食物を食べざるを得ない）者にたいしては、まことにアッラーは限りなき寛容と慈悲を示し給う。

許されている（食物）は何と何かと訊ねて来たら、答えるがよい、「お前たちに許されているのは、全てまともな食物。次に、お前たちアッラーが教え給うた通りに自分で訓練して馴らした動物（犬や鷹などを指す）がお前たちのために捉えて来る獲物は食べてよろしい。必ずアッラーの御名を唱えてから食べるように。アッラーを懼れまつれ。まことにアッラーは勘定がお早くましますぞ」と。

今日、まともな食物は全部汝らに許された。また聖典を戴いた人たち（ユダヤ教徒とキリスト教徒）の食物は汝らにも許されており、汝らの食物も彼らに許されておる。[259]

このように、聖典の民の食物は基本的に許されている、という規定も注目される。そして儀礼的に正しい屠殺の仕方は、動物をマッカ（メッカ）の方角へ向け、「神の名において」と唱えつつ、咽喉部の動脈を切って血を流すというものである。これは哺乳類と鳥類に当てはまるが、水棲動物とバッタ類には当てはまらず、猿や猛獣の肉、鰻やキャビアなどについては規定はない。

このように屠殺法の類似と、「啓典の民」の食物は許されている、ということを根拠に、イスラーム式の屠畜が許可されていなかった一九九五―二〇〇二年のドイツ国内のムスリムの中には、ユダヤ人の経営する肉屋で肉を購入する人もいたのである。なおユダヤ式の屠畜法は、「ユダヤ人はドイツ国内での共生の歴史が長い」という理由で許されていた。

イスラームにおけるアルコール

次にアルコール類だが、これもクルアーンでは基本的に肯定されている。たとえば一六章六七節では、前節に「飲めば大変うまいもの」とあるのを受け、

> また棗椰子の実、葡萄などもそのとおり。お前たちそれで酒を作ったり、おいしい食物を作ったりする。もののわかる人間にとっては、これはたしかに有難い神兆ではないか[260]

と述べ、二章二一九節では、

酒と賭矢（賭矢「マイシル」は古代アラビア人の最も好んだ賭事。矢を籤として引き、「幸矢」を取っ

た人が賭のらくだを獲得する）についてみんながお前に質問して来ることであろう。答えよ、これら二つは大変な罪悪ではあるが、また人間に利益になる点もある。だが罪の方が得になるところより大きい[261]

というように書かれ、四章四六節には、

これ汝ら、信徒の者、酔うている時には、自分で自分の言っていることがはっきりわかるようになるまで祈りに近づいてはならぬ[262]

と、やはり寛容な姿勢が見えている。
クルアーンにおいて最も厳しく飲酒を非難しているのは、五章九〇―九一節とされ、こうある。

これ、汝ら、信徒の者よ、酒と賭矢（前出）と偶像神と占矢（うらないや。吉凶二種の矢で、旅行その他重要な仕事に手をつける前にその可否を占う）とはいずれも厭うべきこと、シャイターン（サタン）の業。心して避けよ。さすれば汝ら運がよくなろう。シャイターンの狙いは酒や賭矢などで汝らの間に敵意と憎悪を煽り立て、アッラーを忘れさせ、礼拝を怠るようにしむけるところにある。汝らきっぱりとやめられぬか。[263]

こうしたクルアーンの解釈としては、一四世紀ころまでは、飲酒はよいが酩酊はだめというものだった。それが後に次第に厳しくなったのである。

エピソード群

ここからいくつか、宗教と食にかかわるエピソードを紹介しよう。まず聖典に規定はあるが、解釈に幅があることを示す例である。イスラエル出身のリベラルなユダヤ系作家ラビノヴィチは、次のような笑い話を記した。

シナイ山で神がモーセに言った、「汝は子山羊をその母の乳の中で煮てはならない」。

モーセ「それは？　乳と肉を食べる間に一定の時間を空けなければならない、ということでしょうか」

神「汝は子山羊をその母の乳の中で煮てはならない」

モーセ「それはつまり、乳用と肉用の食器を厳格に分けねばならない、ということでしょうか」

神「汝は子山羊をその母の乳の中で煮てはならない」

モーセ「なるほど、それはつまり、肉を煮る際に……」

神「ああもう、好きなようにしろ！」

そしてラビノヴィチは、「読み方こそが、聖典を作り上げるのである」と述べている。[264]

またイスラームの専門家ペーター・ハイネも、地域と時代を考慮する必要を力説して、次のように論ずる。イスラームは一四〇〇年以上前に成立し、歴史の経過とともに多くの経済的・文化的・政治的変容をこうむってきた。それは日常生活の全領域に及んでいる。よって、一元的なイスラーム食文化を語ることはできない。モロッコのアトラス山脈に位置するベルベル族の主婦は、バングラデシュの農婦とは違う物を、違った仕方で料理する。ドバイの高級ホテル・ブルジュアルアラブのコックは、バグダードにあったアッバース朝（七五〇―一二五八年）のカリフの宮廷料理長とは、異なるレシピのレパートリーを手にしている。その彼はと言えば、インドのムガル帝国（一五二六―一八五八年）の帝室キッチンで働く同業者とは、違った伝統に従って料理したのである。[265]

これらの主張は、しごく当然のことに聞こえるが、そうとは限らない場合もある。たとえば『聖なる牛という神話』[266]を著したデリー大学教授で歴史学者のD・N・ジャーは、この本の中で、インドにおいて牛は常に神聖だったわけではなく、ヴェーダ時代から供犠獣として食用にもなっていたのが、一九世紀末にイスラームへの対抗戦略として、牛の保護運動が劇化した、と主張した。

ジャーはインド国内でこの本を出版してくれる会社を探すのが困難だった上、出版後にはヒンズー教の右派から生命を狙われているのである。

ここまで極端ではなくとも、宗教の話題はデリケートで感情を刺激しやすいだけでなく、諸宗教とりわけ飲食慣習に対して、教科書的な理解やステレオタイプ的な偏見を抱いてしまう可能性は、現代の日本人にも大いにある。これこそ、共時的多様性と、通時的な変化に注意すべき理由だ。

ユダヤ教における食の諸相

ユダヤ教徒の食品には、ヘフシェール印というのが付される。これは正統派連合(Orthodox Union)が一九二三年以来出している、コシェル食品の認定印で、オー(O)の中にユー（U）が入ったマークである【図12】。

しかし二〇〇八年五月に激震が走った。アメリカ最大のコシェル屠畜会社アグロプロセス（コシェル市場において牛肉の六〇％、鳥肉の四〇％のシェアを誇った）が、児童労働により起訴され、破産に追い込まれたのである。これを受け、同年一二月には新たなマークが導入された。それはマゲン・ツェデク印で、製品がコシェルなだけでなく、労働者の健康、安全管理と教育養成、給与・報酬、さらに環境保護においても一定の基準を満たしている印である。

今日、コシェル食品のシェアを伸ばしているのは中国であり、そこではマシュギーアハと呼ばれるカシュルート監視専門職が五〇人以上働いている現実もある。食をめぐる状況も、時代とともに変化するわけだ。

図12　ヘフシェール印

同様のことは、肉と乳の分離についても言え、これは次第に厳しくなった歴史を持っている。そもそも一―二世紀にはまだ、両者を単に一緒に煮てはならないに過ぎなかった。ところが三―六世紀になると、肉製品と乳製品を同時に食べることが避けられるようになった。現在、厳格なユダヤ教徒は肉用と乳用とで、台所、食器、ナイフ・フォーク類、鍋・

フライパン類も分け、両製品の摂取の間には何時間かの間隔を空ける（これも一二世紀には一時間、一六世紀には六時間というように延びてきた）。さらに、流しや冷蔵庫も別にする人もいるのである。

こうした自主規制は、ユダヤ学者のデイヴィッド・クレーマーによれば、ユダヤ教徒と非ユダヤ教徒の境界を強めたというよりも、むしろユダヤ教徒コミュニティ内部における差異化に寄与した。すなわち、敬虔さの度合を計る基準となってきた、という。野菜に微小な虫（すなわち非コシェルな食物）がついているのでは、と気にする人もいる。一九世紀後半に一人のラビが、「トーラーは肉眼で見えない物は禁じていない」と述べたにもかかわらずである。[267]

食に関して「寛容」なキリスト教？

イエスがパリサイ人に対して述べた言葉、「口にはいる物は人を汚しません。しかし、口から出るもの、これが人を汚します」（マタイの福音書一五章一一節）は、ユダヤの食物規制に対する批判と見なされ、これが食に関して「寛容」なキリスト教イメージの一源泉となっている。

この問題については、菅瀬晶子の次の議論が興味深い。彼女によれば、同じアブラハム一神教でありながら、キリスト教のみは豚肉食の禁忌をはじめとする、ユダヤ教の食規定を受け継がなかった。これはキリスト教初期教会の成立と布教の経緯と大きなかかわりがある。イエスの死後（あるいは昇天後）、彼の思想の共鳴者たちは大きく分けて二つの集団に分かれた。イエスの弟ヤコブを中心に、ユダヤ教徒コミュニティ内での布教に重きを置いたエルサレム教会と、イエスの死後彼の思想に共鳴したパウロらを中心とし、ローマ帝国の支配領域内における非ユダヤ教徒への布教をめざしたアンティオキア教会である。結果的に、キリスト教会の中心となったのは後者であり、ローマ帝国領内にキリスト教がひろく伝播した。旧約部分とは異なり、新約聖書には食規定にかんする記述は見当たらない。むしろ、食の浄不浄を問うべきではないと説く一節があるほどであり、キリスト初期教会は食規定をもうけなかったとみなしてよいだろう。豚肉食の禁忌のみならず、ユダヤ教では厳格であった食規定をあえてもうけないことで、より多くの信徒の獲得をはかったことが、その要因と考えられる、というのである。[268]

似たような事情、すなわち戦略としての食物規定が、初期イスラーム教団にもあったことが指摘されている。ペーター・ハイネによると「屠殺が行われた場合でも、儀礼的に正しく屠殺されなかった動物の肉を食べることを禁止しているのは、初期イスラームの置かれた状況と関連しているだろう。若きイスラーム教団は、この規則によっても、多数派の異教徒たちと自らを区別しようとした。ただしイスラーム法は、これら全ての禁止において免除規定もしている。すなわち、イスラーム信徒に餓死の危険がある時や、儀礼的に禁止された食料を摂取することによってしか、生きのびることができないような場合である」[269]。

なお、キリスト教では明確な規定はないが、ふつう馬、犬、猫、虫などは食されてこなかったことも、指摘しておきたい。

ユダヤ人とキリスト教徒の関係も平坦ではなく、前者が豚肉を食べないことに関し、後者による通俗的な解釈や伝説も広く流布していた。たとえばドイツ南部シュヴァーベンの伝説には、こうある。

> ある時、イエスとペテロが野を越え、町にやってきた。すると一人のパリサイ人が[270]、家のベンチに座っていた。彼はこの賢者に、一つ質問してみよう、と考えた。そしてこう呼びかけた。「ああ、そこのお二方、この桶の下に、何があるとお思いですか」。その日、パリサイ人は豚を殺し、桶は乾燥させるため引っくり返されていた。しかし、パリサイ人の子供たちが遊んで下に隠れていた。われらの主イエスは「お前の子供

たちがいる」と答えた。パリサイ人は笑って叫んだ、「全然違いますよ。下にいるのは豚ですよ」。すると主イエスが言った、「それなら、豚でよいだろう」。すると突然、パリサイ人の子供たちは小豚となり、ブウブウ言いながら桶の下から駆け出してきた。ユダヤ人が豚肉を食べてならないことと、豚の臓物が人間のと似ていることは、これで説明できるのである。[271]

この物語は七世紀以後、ヨーロッパに広く伝わった。「キリストは啓示者、つまり子供と豚の不確かな境界にキリスト教徒とユダヤ人の別のはるかに強固な境界の裏地をつけて、正しき秩序を言う者であった。……このかくも人間に近い動物の飼育、屠殺、そしてまたその肉の摂取をめぐって日々起きる問題すべてが、神話の力で一挙に解ける。初めに、子供と豚を混同し、きわめて重大な分類上の侵犯を犯し、そのため、永久にこの動物から引き離されたのはユダヤ人である。それゆえ、他者、異邦人をその食べ物に結びつけてたとえる慣習に反して、ユダヤ人は自らに禁じた肉に同化されているのだ。アイデンティティと禁忌が一挙に折り重なってしまうのである」と、フランスの民俗学者ファーブル・ヴァサスは指摘している。[272]

「コシェルな豚肉」

さまざまな社会環境に応じ、食規定の解釈を変えるなどして生きのびねばならない場合もある。たとえば二〇世紀初め、ロシアには全世界のユダヤ人の九〇％以上が住んでいた。一九一七年の革命以後、カシュルートの戒律は健康的にも経済的にも有害だと誹謗中傷され、同国内のユダヤ人の大半はコシェルの規則に従うことをやめた。一九二〇年代にソビエトで生まれた三〇〇人以上のユダヤ人に対する聞き取り調査の結果、彼らの多くは「ユダヤ人が作った料理ならコシェル」という解釈をしていた。そのため「コシェルな豚肉」までが食されていた。これは戦争時や非常時などに非コシェルな食品がコシェルに変わりうる例である。[273]

他の例としては、イスラエル北部ガリラヤにおける、豚肉を食べるムスリム、食べないキリスト教徒に関する菅瀬の調査が興味深い。

ユダヤ人国家であるイスラエルでは一九六二年、養豚禁止法が定められ、ガリラヤ地方のアラブ人キリスト教徒居住地域など例外地域以外での養豚は法律で禁止された。

ガリラヤにおける菅瀬の調査地の一つハイファは、キリスト教徒が多く居住する町で、市の総人口に占める比率は一四％と、わずか四％のムスリムより例外的に多い。ここの精肉店のオーナーはカトリック信徒で、店舗で働く店員三名やほとんどの従業員もキリスト教徒である。しかし自社加工場で働いている二〇名のうち、三名はムスリム、一名はロシア系新移民で、この三名のうち二名は、いずれも二〇代の未婚の若者であるが、ともに豚肉を食べる。ただし家族には嫌がられているという。

キリスト教徒の中でも中高年層、ことに女性は豚肉を忌避する者がほとんどであり、それはムスリムへの遠慮もある。隣人たち、とくに同じアラブ人であるムスリムとのトラブルを回避したいとの理由からだ。豚を好んで食べるのは、圧倒的に若年層、ことに男性に多い。

菅瀬によると、ガリラヤ地方のムスリムが豚肉を食べる理由として五点挙げられるという。それらは、(一) キリスト教徒の影響、(二) 豚肉の安価さ、(三) 世俗国家としてのイスラエルの影響、(四) 富裕で行動の自由が許された生活、食についての知識の多さ、(五) 戒律についての自己解釈と正当化である。[274] 信仰とは、これほど柔軟な面も持つものか。

イスラーム圏の飲酒についても一瞥しておこう。[275] 一九六〇年代までは、特に厳格なサウジアラビアなどを除けば、イスラーム圏でもアルコール摂取は軽度な違反程度に取られていた。しかし一九七〇年代から再イスラーム化が進むにつれ、イスラーム諸国では飲酒が厳しく拒絶されるようになり、密売や闇市での取引が増えているという。[276]

普遍的な根拠？

すでに第二章で見たように、食タブーの根底については、自然を重視するハリスと、文化というファクターを強調するシムーンズとが大きく二つの陣営に分かれている。私自身はシムーンズの見解の方に魅力を感じているのだが、ハリス説はストレートで分かりやすく、全否定すべきでもないと思っている。

二人の論点を明確に示すのが、インドの聖なる牛をめぐる論争だ。[277] 現代インドでは、牛の神聖視が続いている。インド東北部のビハール州、ネパールとの国境付近では何年か前、脱線事故で二四〇人以上が死亡した。その理由は、線路上に牛がいたので、運転士がそれを轢き殺さないよう急ブレーキをかけたのだった。またインドには牛の養老院も存在する。

ハリス『食と文化の謎』では「牛は神様」(The Riddle of the Sacred Cow) に一章をあてている。彼によれば、牛は農作業で犁をひき、荷物を運搬してくれる役畜である。牛糞は肥料や燃料となり、牛乳を恵んでくれる。殺すより生かしておく方が、人間にとってベネフィットが大きかったのだというのだ。

シムーンズはこれに反論する。彼によれば、聖牛の概念はもっぱら宗教上の論争から生まれてきた。ヒンズー教が、「寛容」と「非暴力」の宗教として、仏教とさらに有利に対抗するための、何世紀にもわたる仏教徒との闘争戦略に端を発している、というのがその主張である。[278]

また、穢れた豚をめぐる論争もある。つまりハリスの別の章は「おぞましき豚」(The Abominable Pig)と題される。彼によれば、近東の環境悪化の状態において豚を相当数飼うことは、木陰と泥を与えねばならないので、生態学的に見て適切と言えない。豚は人間と同じ食物を食べるので競合関係になる。また豚は肉以外にほとんど利益を与えてくれない、という。

シムーンズの反論は以下である。近東でも豚の飼育は可能だし、実際に行われていた。むしろユダヤ人が、他の民族集団と自集団を区別するために、豚肉食を選んだのである。一つの可能性として、モーセらがエジプトで、豚に対する嫌悪感を受け継いだかもしれない。[279]おそらく古代において豚に対する嫌悪感が生じた過程は単一ではなく、場所によって異なる様々な要素により影響されただろう。たとえば家豚の汚らわしい食習慣(排泄物や死肉)など。さらにまた、遊牧民が豚を定住牧畜民と結びつけ、侮蔑する傾向があることも、軽視できない、とする。

このように、ハリスの〈コスト・ベネフィット論〉は人間の食行動を普遍的原理から説明しようとした試みとして、いまだに面白いし、魅力に富んでいる。ただ近年では、上に挙げたように、ユダヤ教・キリスト教・イスラーム・ヒンズー教それぞれにおける食物規定を、それぞれの教団における信者獲得ないしは自集団と他集団の境界区分のために、戦略として採用してきた、という見方が強まっているのである。

こうなると、話は第一章に戻る。今のアイデンティティとしての食、というのは、フォイエルバッハの「人はその食するところのものである」(Man ist, was man isst) という言葉に通ずるものだ。またアンドレーも、先述のように「ある民族を他の民族と切り離し、他者との混淆から防ぐには、食物禁忌による以上に容易な手段はありえなかった」と指摘している。[280] つまり、食物が異なるということは、会食、結婚など、人間同士を結びつけるさまざまな重要な場面で、いわば踏み絵として働くのである。

雑食のジレンマ

食タブーの根源については、他にもおもしろい見解が出されている。シュルツによると、慣れない肉料理はすべて、容易に嫌悪感を引き起こすというのだ。ロシアの地理学者・探検家プルジェヴァリスキー（一八三九―一八八）の次の記述は、恐らく最も典型的だろう。彼のモンゴル人使用人の一人は、ヨーロッパ人旅行者たちが鴨を食べるのを見て、嫌悪感のあまり嘔吐してしまった。モンゴル人は水鳥を決して食べないからである。それなのに、かくもデリケートなこの男は、羊の腸を洗わないまま美味そうに食べたのである。さて、食卓で見ることに慣れていない肉類に対するこの嫌悪感、あるいは少なくとも同種を食する慣わしのない動物に由来する肉類に対する嫌悪感こそが、食物禁忌の圧倒的多数の一次的要因である、とシュルツは主張した。[281]

シムーンズはこれを〈雑食のジレンマ〉と呼ぶ。つまり人間は雑食のため、肉食や草食の動物に比べて、より広い食域をもつことが可能なので、その分だけ生存に有利である。しかし同時に、健康に危険な食物からのリスクも拡大する。そのため、「食わず嫌い」すなわち見慣れぬ食物に対する恐怖心というのは、人類の進化と繁栄にとって必要な生存戦略だった、というのだ。一考に値する仮説ではなかろうか。

和食への示唆？

本章の最後に、世界宗教の問題が和食に対して提起するかもしれない問題を、少しだけ考えてみよう。

たとえばユダヤのカシュルートの一つ、肉と乳の分離についてだが、これは牧畜民に広く見られるものである。また第一章で見たように、世界的には陸の動物と海の動物を同時に摂取してはならない、とするところも多い。これは広義の宇宙論(コスモロジー)、つまり環境のどの領域をどう分類し、区分するか、という認識論の問題であって、和食における海の幸、山の幸、里の幸、あるいは食い合わせ、といった観念にも通ずるかもしれない。

そしてまた宗教と食の問題は、現代日本ではまだ他人事のように聞こえるかもしれない。しかしムスリム人口は世界の四人に一人にまで増え、日本国内でも増加している。ハラールやコシェルの食品やレストラン、認証制度も始まっている。和食もこうしたグローバル化の中で捉え直される時期にきているのではなかろうか。

注

＊２５１　Friedlander & Kugelmann 2009.　これは食と宗教を包括的に採り上げたすぐれた図録・論文集である。他に同じテーマでは、一九九七年から九八年にかけてミュンヘンの市民大学で開かれた講座「宗教と食」の記録（Schmidt-Leukel Hrsg.2000）もよい。なお米国宗教学会の機関誌（*Journal of the American Academy of Religion*）は一九九五年に出た六三巻三号で「宗教と食」の特集を組み、日本宗教学会の機関誌『宗教研究』は二〇一六年刊の九〇巻二輯で「食と宗教」を特集した。『ヴェスタ』誌一〇五号（二〇一七）の特集「宗教的タブーとおもてなし」も参照のこと。

＊２５２　カシェル、コーシェル、コーシャなどとも表記される。

＊２５３　山我（訳）二〇〇〇：二七三―二八三。

＊２５４　この複雑な食物規定に対しては、英国の社会人類学者メアリ・ダグラス（一九二一―二〇〇七）が、一九六六年初版の『汚穢と禁忌』第三章「レビ記における『汚らわしいもの』」において、古代イスラエル人における分類の論理から外れたものが不可食とされている、という統一的な説明を試みた。そして、この見解はユダヤ教の専門家もしばしば引用する。しかしダグラス自身、後になって、この解釈はあまりに単純すぎたと認めている（ダグラス二〇〇九：一七―二一）。

＊２５５　つまり一つの軛につないで。

＊２５６　鈴木（訳）二〇〇一：三五〇。

＊２５７　井筒（訳）一九六四上：解説。

＊２５８　井筒（訳）一九六四上：四二。

＊２５９　井筒（訳）一九六四上：一四四―一四五。

＊２６０　井筒（訳）一九六四中：八二。

＊２６１　井筒（訳）一九六四上：五三。

＊２６２　井筒（訳）一九六四上：一一七。

＊２６３　井筒（訳）一九六四上：一六三。

＊２６４　Friedlander & Kugelmann (Hrsg.) 2009: 246.

＊２６５　Friedlander & Kugelmann (Hrsg.) 2009: 103.

＊２６６　Jha 2002.

＊２６７　Friedlander & Kugelmann (Hrsg.) 2009: 53–54.

＊２６８　菅瀬二〇一六：六二七。川島二〇一六も参照。

＊２６９　Friedlander & Kugelmann (Hrsg.) 2009: 105.

＊２７０　つまりユダヤ人。

＊２７１　Birlinger 1861–62 I: 360.

＊２７２　ファーブル＝ヴァサス［一九九四］：七八―八〇。

＊２７３　Friedlander & Kugelmann（Hrsg.）2009: 240.

＊２７４　菅瀬 二〇一六。

＊２７５　高野 二〇一四も参照。

＊２７６　Friedlander & Kugelmann（Hrsg.）2009: 108, 111.

＊２７７　片多 一九八三も参照。

＊２７８　ちなみに私は、ヒンズー儀礼研究の第一人者である永ノ尾信悟教授に、このシムーンズ説をどう思うか、口頭でお尋ねしたことがある。「それは大いにありうる」との返事だった。なお先に言及した『聖なる牛という神話』の著者ジャー氏は、序文において、永ノ尾教授およびハーバード大学のヴィッツェル教授に会って刺激を受け、この本を書くきっかけを与えられたと告白している。

＊２７９　Dunand 2016も参照。

＊２８０　Andree 1878: 119.

＊２８１　Schurtz 1893: 16–17.

あとがき

飲食の問題には、かねてから関心があった。学部一年生のとき最初に書いたレポートの一つは「口かみの酒」をテーマとしていた。しかし本格的に研究を始めたのは、味の素食の文化フォーラムの会員になってからである。
本書にまとめたのは、これまでに刊行したり口頭発表したりしてきた、次のものが元になっている。ただしいずれも大幅に書き改めた。

第一章　食をめぐる信仰世界
「諸民族の信仰と食」南直人（編）『宗教と食』（食の文化フォーラム 三二）一八―四一頁、東京：ドメス出版、二〇一四年。

第二章　犬肉食とそのタブー
「狗肉の食とそのタブー」『食文化誌ヴェスタ』八四：五四―五七頁、八五：四六―四九頁、八六：四四―四七頁、二〇一一―一二年。

第三章　土喰う人々と儀礼性
「土喰う人々――儀礼的文脈に着目して」と題し、第一七三回東南アジアの自然と農業研究会（京都大学）において二〇一五年一二月一八日に口頭発表。

第四章　カニバリズムを追う

「禁断の肉？——人類学におけるカニバリズムの虚実」と題し、「肉食行為の研究」共同研究会（国立民族学博物館）において二〇一四年五月一〇日に口頭発表。もとの原稿は論文集に収録され近刊予定。

第五章　世界宗教における食

「食と宗教をめぐる三つの視点——共時・通時・普遍」と題し、食文化論基盤整備研究会（京都府立大学）において二〇一六年八月一二日に口頭発表。

どの原稿を準備するにあたっても、多くの方々のお世話になったが、ここではお名前を挙げることは差し控えておこう。「いかもの」が中心となっているだけに、謝辞をよしとされない場合もありそうに思うからである。

本書を執筆していて、ひとつの使命感が芽生えたように感じている。民族誌という広大無辺な資料を渉猟しつつ、人類史におけるさまざまな問題を私なりに解きほぐしてゆくこと。それが、私の研究生命に与えられたテーマではないか。

とはいえ、必ずしも詳しくない領域にも言及せざるを得なかったため、思わぬ誤りがあるのではと恐れてもいる。とりわけ第五章については、至らぬ点をご指摘いただければ幸いである。

最後になったが、このような企画をとりあげてくださった亜紀書房の内藤寛さんと高尾豪さんに心から感謝したい。ヌキテパでの約束が、ようやく形にできたことを嬉しく思っている。

二〇一六年一二月

山田仁史

山田仁史
Hitoshi Yamada

1972年宮城県仙台市生まれ。
東北大学文学部卒業、京都大学大学院
人間・環境学研究科博士課程満期退学、
ミュンヘン大学
ドクター・デア・フィロゾフィー（Dr.phil.）。
宗教民族学・神話学専攻。
現在、東北大学大学院文学研究科准教授。
著書に『首狩の宗教民族学』（筑摩書房）、共編著に
『水・雪・氷のフォークロア』（勉誠出版）、
『神の文化史事典』（白水社）、
『アジアの人類学』（春風社）、
共訳書にミュラー『比較宗教学の誕生』
（国書刊行会）他がある。

いかもの喰（ぐ）い
犬・土・人の食と信仰

2017年3月7日　第1版第1刷　発行

著者　山田仁史
装幀　鈴木千佳子
発行所　株式会社亜紀書房
〒101-0051
東京都千代田区神田神保町1-32
電話　03-5280-0261
http://www.akishobo.com
振替　00100-9-144037
印刷　株式会社トライ
http://www.try-sky.com

ISBN978-4-7505-1501-4

引用文献

第一章　食をめぐる信仰世界

＊ Andree, Richard. 1878. Speiseverbote. In: Ethnographische Parallelen und Vergleiche: 114–127. Stuttgart: Verlag von Julius Maier.

＊ Anonym. 1859. Scenen aus dem Volksleben in der Bretagne. Taufe und Begräbniß. Das Ausland, 32: 1173–1175.

＊ Castrén, Matthias Alexander. 1853. Vorlesungen über die finnische Mythologie. St. Petersburg: Buchdruckerei der Kaiserlichen Akademie der Wissenschaften.

＊ Forth, Gregory. 1989. Animals, Witches, and Wind: Eastern Indonesian Variations on the "Thunder Complex". Anthropos, 86: 89–106.

＊ Frazer, James George. 1918. Folklore in the Old Testament: Studies in Comparative Religion, Legend and Law, 3 Vols. London: Macmillan.

＊ ———. 1922. The Golden Bough: A Study in Magic and Religion, Abridged ed. London: Macmillan.（邦訳はフレイザー『金枝篇』全５冊、岩波文庫、永橋卓介訳、東京：岩波書店、1966–67年）

＊ ———. 1930. Myths of the Origin of Fire. London: Macmillan.（邦訳はフレイザー『火の起原の神話』ちくま学芸文庫、青江舜二郎訳、東京：筑摩書房、2009年）

＊ Friedlander, Michal & Cilly Kugelmann (Hrsg.) 2009. Koscher & Co. Über Essen und Religion. Berlin: Jüdisches Museum.

＊ Georgi, Johann Gottlieb. 1776. Beschreigung aller Nationen des Russischen Reichs, 1. Ausgabe. St. Petersburg: Carl Wilhelm Müller.

＊ 後藤明 2003『海を渡ったモンゴロイド：太平洋と日本への道』（講談社選書メチエ；264）東京：講談社.

＊ Haberland, Carl. 1887–88. Über Gebräuche und Aberglauben beim Essen. Zeitschrift für Völkerpsychologie und Sprachwissenschaft, 17: 353–385, 18: 1–59, 128–170, 255–284, 357–394.

＊ 石毛直道 2009『石毛直道　食の文化を語る』東京：ドメス出版.

＊ 石川博樹／小松かおり／藤本武（編） 2016『食と農のアフリカ史：現代の基層に迫る』府中：東京外国語大学アジア・アフリカ言語文化研究所.

＊ Jenness, Diamond. 1922. The Life of the Copper Eskimos. (Report of the Canadian Arctic Expedition; Vol. 12). Ottawa: F. A. Acland.

＊ Jensen, Adolf Ellegard. 1939. Hainuwele. Volkserzählungen von der Molukken-Insel Ceram. (Ergebnisse der Frobenius-Expedition 1937–38 in die Molukken und nach

holländisch Neu-Guinea; Bd. 1). Frankfurt a. M.: Vittorio Klostermann.
* von Kittlitz, Friedrich Heinrich. 1858. Denkwürdigkeiten einer Reise nach dem russischen Amerika, nach Mikronesien und durch Kamtschatka, 2. Bd. Gotha: Justus Perthes.
* Kracheninnikow, Stepan Petrovitch. 1770. Histoire et description du Kamtchatka. Amsterdam: Marc Michel Rey.
* Lawson, John. [1709] 1860. The History of Carolina, containing the Exact Description and Natural History of That Country. Raleigh: Strother & Marcom.
* Lot-Falck, Eveline. 1953. Les rites de chasse chez les peuples sibériens. (L'espace humaine; 9). Paris: Gallimard.（邦訳はロット＝ファルク『シベリアの狩猟儀礼』人類学ゼミナール14、田中克彦／糟谷啓介／林正寛訳、東京：弘文堂、1980年）
* MacClancy, Jeremy, Jeya Henry & Helen Macbeth (eds.) 2007. Consuming the Inedible: Neglected Dimensions of Food Choice. (The Anthropology of Food and Nutrition; 6). New York: Berghahn Books.
* Mintz, Sidney & Christine M. Du Bois. 2002. The Anthropology of Food and Eating. Annual Review of Anthropology, 31: 99–119.
* 永山ゆかり／長崎郁（編）2016『シベリア先住民の食卓：食べものから見たシベリア先住民の暮らし』平塚：東海大学出版部.
* 縄田浩志 2002「イルカは『海の成メスラクダ』、ジュゴンは『海の成メスウシ』：スーダン領紅海沿岸ベジャ族の海洋哺乳動物名からみる家畜観」『大阪外大スワヒリ＆アフリカ研究』12: 189–212.
* von Neumann, Karl. 1875. Karl von Neumann's Expedition nach den Bäreninseln vor der sibirischen Küste. Globus, 28: 43–46, 55–58, 74–77.
* 大林太良 1973「東アジアにおける穀物盗みモチーフ」『稲作の神話』：306–368. 東京：弘文堂.
* ——— [1987] 1998「食文化の複眼的、総合的考察」森浩一（編）『味噌・醤油・酒の来た道：日本海沿岸諸民族の食文化と日本』（小学館ライブラリー；106）：41–62. 東京：小学館.
* Odoemene, Anacletus Nnamdi. 2000. Die Bedeutung des rituellen Essens in der afrikanischen traditionellen Religion. In: Schmidt-Leukel, Perry (Hrsg.), Die Religionen und das Essen: 23–36. Kreuzlingen: Diederichs.
* 斧原孝守 2013「東アジアの民間説話に見える弥勒と釈迦の『花咲かせ競争』」『説話・伝承学』21: 191–206.
* 恩賜財団母子愛育会（編）1975『日本産育習俗資料集成』東京：第一法規.
* Rosenbohm, Alexandra. 1991. Halluzionogene Drogen im Schamanismus. Mythos und Ritual im kulturellen Vergleich. (Marburger Studien zur Völkerkunde; 8). Berlin: Dietrich Reimer Verlag.
* Sagard, Gabriel. 1632. Le grand voyage du pays des Hurons. Paris: Denys Moreau.
* 栄喜久元 1971『奄美大島与論島の民俗語彙と昔話』鹿児島県照国町：奄美社.

＊ Schurtz, Heinrich. 1893. Die Speiseverbote. Ein Problem der Völkerkunde. (Sammlung gemeinverständlicher wissenschaftlicher Vorträge; Heft 184). Hamburg: Verlagsanstalt und Druckerei.

＊ Schwabe, Johann Joachim (Hrsg.) 1771. Allgemeine Historie der Reisen zu Wasser und zu Lande, 20. Bd. Leipzig: Arkstee und Merkus.

＊ Spencer St. John. 1862. Life in the Forests of the Far East, 1st ed., 2 Vols. London: Smith, Elder.

＊ 田中萌 2014『出産・助産の習俗に見る近代日本の生命観』東北大学文学部（宗教学専修）卒業論文.

＊ 谷口幸男（訳）1973『エッダ：古代北欧歌謡集』東京：新潮社.

＊ 多良間村役場 1981『多良間村の民話』沖縄県多良間村：多良間村役場.

＊ Wuttke, Adolf. 1860. Der deutsche Volksaberglaube der Gegenwart. Hamburg: Agentur des Rauhen Hauses.

＊ 山田仁史 2001「台湾原住民の作物起源神話：オーストロネシア民族学・先史学への一寄与」『台湾原住民研究』6: 91–178.

＊ ——— 2006「発火法と火の起源神話」『東北宗教学』2: 183–200.

＊ 山本真鳥 2004「カヴァからサモアが見える」高田公理／栗田靖之／ＣＤＩ（編）『嗜好品の文化人類学』（講談社選書メチエ；296）：171–179. 東京：講談社.

＊ Yocum, Glenn (ed.) 1995. Religion and Food. (Journal of the American Academy of Religion; 63,3). Tallahassee, Fla.: The American Academy of Religion.

第二章　犬肉食とそのタブー

＊ アムンセン 1990『南極点』中田修（訳）東久留米：ドルフィンプレス.

＊ アムンゼン、ロアルド 2002『南極点征服』（中公文庫）谷口善也（訳）東京：中央公論新社.

＊ Andree, Richard. 1878. Speiseverbote. In: Ethnographische Parallelen und Vergleiche: 114–127. Stuttgart: Verlag von Julius Maier.

＊ Avieli, Nir. 2011. Dog Meat Politics in a Vietnamese Town. Ethnology, 50(1): 59–78.

＊ Bay-Petersen, Jan. 1983. Competition for Resources: The Role of Pig and Dog in the Polynesian Agricultural Economy. Journal de la Société des Océanistes, 39(77): 121–129.

＊ Benecke, Norbert. 1994. Der Mensch und seine Haustiere. Stuttgart: Theiss Verlag.

＊ 張耀錡 [1951] 2003『臺灣平埔族社名研究』台北：南天書局.

＊ Chen, Chi-lu. 1968. Material Culture of the Formosan Aborigines. Taipei: The Taiwan Museum.

＊ 張競 [1997] 2013『中華料理の文化史』（ちくま文庫）東京：筑摩書房.

* Danner, Peter. 2003. Kynophagie. Der Verzehr von Hundefleisch in Vorgeschichte und Antike. Laverna, 14: 65–97.
* Driver, Harold E. & William C. Massey. 1957. Comparative Studies of North American Indians. (Transactions of the American Philosophical Society; Vol. 47, Part 2, pp. 165–456). Philadelphia: The American Philosophical Society.
* Eidlitz, Kerstin. 1969. Food and Emergency Food in the Circumpolar Area. (Studia ethnographica Upsaliensia ; 32). Uppsala : Almqvist & Wiksells Boktryckeri.
* Ellen, Roy. 1993. Nuaulu Ethnozoology: A Systematic Inventory. (CSAC Monographs; 6). Canterbury: Centre for Social Anthropology and Computing, University of Kent.
* Frank, Barbara. 1965. Die Rolle des Hundes in afrikanischen Kulturen. (Studien zur Kulturkunde; 17). Wiesbaden: Franz Steiner Verlag.
* ————. 2001. Letter to the Editor. Ecology of Food and Nutrition, 40: 85–90.
* Hahn, Eduard. 1896. Die Haustiere und ihre Beziehungen zur Wirtschaft des Menschen. Eine geographische Studie. Leipzig: Duncker & Humblot.
* 原田信男 [1993] 2005『歴史のなかの米と肉：食物と天皇・差別』(平凡社ライブラリー；541)東京：平凡社.
* Harris, Marvin. [1985] 1998. Good to Eat: Riddles of Food and Culture. Long Grove, Illinois: Waveland Press.（邦訳はハリス『食と文化の謎』岩波現代文庫、板橋作美訳、東京：岩波書店、2001年）
* Hodson, Thomas Callan. 1911. The Nāga Tribes of Manipur. London: Macmillan.
* 北海道立北方民族博物館(編) 1998『人、イヌと歩く：イヌをめぐる民族誌』網走：北海道立北方民族博物館.
* 黃貴潮 1998『阿美族飲食之美』(東部海岸國家風景區遊憩解說叢書；11)臺東縣成功鎮：交通部觀光局東部海岸國家風景區管理處.
* Hunter, W. W. 1879. A Statistical Account of Assam, Vol. 2. London: Trübner & Co.
* 今村規子 2010『名越左源太の見た幕末奄美の食と菓子』鹿児島：南方新社.
* インカ・ガルシラーソ・デ・ラ・ベーガ 1986『インカ皇統記』2(大航海時代叢書エクストラ・シリーズ；2)牛島信明(訳)東京：岩波書店.
* Jensen, Adolf Ellegard (Hrsg.) 1959. Altvölker Südäthiopiens. Stuttgart: W. Kohlhammer.
* カノミタカコ 1982『タイの山より愛をこめて』京都：染織と生活社.
* Karutz, Richard. 1925. Die Völker Nord- und Mittelasiens. (Atlas der Völkerkunde; Bd. 1). Stuttgart: Franckh'sche Verlagshandlung.
* 桂小蘭 2005『古代中国の犬文化：食用と祭祀を中心に』吹田：大阪大学出版会.
* 金順姫 2014「犬肉食べる祭りで衝突、負傷者：中国、地元住民と愛犬家」『朝日新聞』2014年6月23日付.
* ———— 2015a「ピリピリ『犬肉祭』の街：中国内外で批判、店『撮るな』『食用でない』」『朝日

新聞』2015年6月22日付.
＊ ――― 2015b「『犬肉祭』のいらだち」『朝日新聞』2015年7月1日付.
＊ 小島由道／安原信三／小林保祥 1922『ぱいわぬ族』(番族慣習調査報告書；第5巻ノ3)台北：台湾総督府蕃族調査会.
＊ 近藤弘 1976『日本人の味覚』(中公新書；454)東京：中央公論社.
＊ Kruyt, Albertus Christiaan. 1937. De hond in de geestenwereld der Indonesiërs. Tijdschrift voor Indische Taal-, Land- en Volkenkunde, 77: 535–589.
＊ チャレ [1994] 2008『ラフ族の昔話：ビルマ山地少数民族の神話・伝説』(叢書 知られざるアジアの言語文化；2)片岡樹(編訳)府中：東京外国語大学アジア・アフリカ言語文化研究所.
＊ Latocha, Hartwig. 1982. Die Rolle des Hundes bei südamerikanischen Indianern. (Münchner Beiträge zur Amerikanistik; 8). Hohenschäftlarn: Renner.
＊ Lewin, Thomas Herbert. 1870. Wild Races of South-Eastern India. London: Allen.
＊ 凌純聲 [1957] 1979「古代中國與太平洋區的犬祭」『中國邊疆民族與環太平洋文化：凌純聲先生論文集』上: 663–710. 台北：聯經.
＊ 劉還月 1989『台灣歳時小百科』上下(協和台灣叢刊；6)台北：臺原出版社.
＊ 松井章 2005『環境考古学への招待：発掘からわかる食・トイレ・戦争』(岩波新書；930)東京：岩波書店.
＊ Milliet, Jacqueline. 1987. Un allaitement insolite. In: Hainard, Jacques & Roland Kaehr (éds.), Des animaux et des hommes: 87–118. Neuchâtel: Musée d'ethnographie.
＊ 護雅夫(訳) 1965『カルピニ、ルブルク　中央アジア・蒙古旅行記』(東西交渉旅行記全集；1)東京：桃源社.
＊ 名越左源太 1984『南島雑話：幕末奄美民俗誌』全2巻(東洋文庫；431・432)国分直一／恵良宏(校注)東京：平凡社.
＊ 西本豊弘(編) 2008『動物の考古学』(人と動物の日本史；1)東京：吉川弘文館.
＊ 仁科邦男 2016『伊勢屋稲荷に犬の糞：江戸の町は犬だらけ』東京：草思社.
＊ 西谷大 2001『食は異なもの味なもの：食から覗いた中国と日本』(歴博ブックレット；18)佐倉：歴史民俗博物館振興会.
＊ 野林厚志 2004「文化人類学からみた食文化」森枝卓士／南直人（編）『新・食文化入門』：134–151. 東京：弘文堂.
＊ 大林太良／生田滋 1997『東アジア　民族の興亡：漢民族と異民族の四千年』東京：日本経済新聞社.
＊ 奥村繁次郎 1900「犬肉食用考」『東京人類学会雑誌』15(167): 184–186.
＊ 潘英 1996『臺灣平埔族史』(台灣原住民系列；4)台北：南天書局.
＊ ポーロ、マルコ 2000『完訳 東方見聞記』全2冊(平凡社ライブラリー；326・327)愛宕松男(訳)東京：平凡社.
＊ ポンペイウス・トログス(著)ユニアヌス・ユスティヌス(抄録) 1998『地中海世界史』(西洋

古典叢書)合阪學(訳)京都:京都大学学術出版会.

＊ 林浩 1996『アジアの世紀の鍵を握る客家の原像:その源流・文化・人物』(中公新書;1303)東京:中央公論社.

＊ 佐倉孫三 2009『台風雑記:百年前の台湾風俗』三尾裕子(監修)台湾の自然と文化研究会(編訳)府中:東京外国語大学アジア・アフリカ言語文化研究所.

＊ Schnickmann, Heiko. 2009. Der Hund im Hoch- und Spätmittelalter. Status, Prestige, Symbolik. Norderstedt: GRIN Verlag.

＊ 瀬川孝吉 1953「高砂族の生業」『民族学研究』18(1-2): 49-66.

＊ 新城明久 2010『沖縄の在家家畜:その伝来と生活史』那覇:ボーダーインク.

＊ Simoons, Frederick J. 1961. Eat Not This Flesh: Food Avoidances in the Old World. Madison: The University of Wisconsin Press.

＊ ———. 1981. Dogs as Human Food in Northwest Africa. Appetite: Journal for Intake Research, 2: 253–266.

＊ ———. 1994. Eat Not This Flesh: Food Avoidances from Prehistory to the Present, 2nd ed. Madison: The University of Wisconsin Press.(邦訳はシムーンズ『肉食タブーの世界史』叢書・ウニベルシタス709、山内昶監訳、香ノ木隆臣/山内章/西川隆訳、東京:法政大学出版局、2001年)

＊ ———. 1996. Dogflesh Eating by Humans in Sub-Saharan Africa. Ecology of Food and Nutrition, 34: 251–292.

＊ ———. 2001. Response. Ecology of Food and Nutrition, 40: 90.

＊ Simoons, Frederick J. & James A. Baldwin. 1982. Breast-Feeding of Animals by Women: Its Socio-Cultural Context and Geographic Occurrence. Anthropos, 77: 421–448.

＊ Takamiya, Teruko. 1978. Beiträge zur Geschichte der Nahrung und der Nahrungsbereitung bei den Hirtenvölkern mittel- und Innerasiens. Dissertation München.

＊ Termer, Franz. 1957. Der Hund bei den Kulturvölkern Altamerikas. Zeitschrift für Ethnologie, 82(1): 1–57.

＊ Titcomb, Margaret. 1969. Dog and Man in the Ancient Pacific with Special Attention to Hawaii. (Bernice P. Bishop Museum Special Publication; 59). Honolulu: Bernice P. Bishop Museum.

＊ 東方孝義 1942『台湾習俗』台北:同人研究会.

＊ 土佐昌樹 2012『韓国社会の周縁を見つめて:村祭・犬食・外国人』東京:岩波書店.

＊ Urban, Manfred. 1961. Die Haustiere der Polynesier. (Völkerkundliche Beiträge zur Ozeanistik; Bd. 2). Göttingen: Ludwig Häntzchel.

＊ Zimmermann, P. Fridolin. 1931. Der Hund in Wirtschaft, Vorstellung und Brauchtum bei den Völkern des nördlichen Eurasien. Dissertation Wien.

引用文献

第三章　土喰う人々と儀礼性

＊ Abrahams, Peter W. 2010. "Earth Eaters": Ancient and Modern Perspectives on Human Geophagy. In: Landa, Edward R. & Christian Feller (eds.), Soil and Culture: 369–398, Fig. 23.2, 23.4. New York: Springer.

＊ 愛知大学中日大辞典編纂所（編）2010『中日大辞典』第三版、東京：大修館書店.

＊ Anell, Bengt & Sture Lagercrantz. 1958. Geophagical Customs. (Studia ethnographica Upsaliensia; 17). Uppsala: Almqvist & Wiksell.

＊ Boot, J. 1893. Korte schets der noord-kust van Ceram. Tijdschrift van het Koninklijk Nederlandsch Aardrijkskundig Genootschap, 10: 650–678, 885–902, 1163–1204.

＊ ボッティング、ダグラス [1973] 2008『フンボルト：地球学の開祖』西川治／前田伸人（訳）東京：東洋書林.

＊ Bourdin, François Jean-Isidore. 1910. Géophagie. Toulouse.

＊ Buschan, Georg. 1930. Vom Erde-Essen. Janus, 34: 337–350.

＊ 千々和到 2002「一味神水」山本博文（編）『法と秩序』（歴史学事典；9）：28–29. 東京：弘文堂.

＊ de Clercq, Frederik Sigismund Alexander. 1870. De overzijde der Ranojapo. Tijdschrift voor Indische Taal-, Land- en Volkenkunde, 19: 521–537.

＊ Cohen, S. 1898. Iets over eedzwering bij de Javanen. Tijdschrift voor Indische Taal-, Land- en Volkenkunde, 40: 144–149.

＊ Ehrenberg, Christian Gottfried. 1854. Mikrogeologie. Das Erden und Felsen schaffende Wirken des unsichtbar kleinen selbständigen Lebens auf der Erde, 2 Bde. Leipzig: Voss.

＊ Ellis, William. 1831–33. Polynesian Researches, 4 Vols., 2nd ed. London: Fisher, Son, & Jackson.

＊ Ferrand, E. 1886. Terres comestibles de Java. Revue d'Ethnographie, 5: 548–549.

＊ Gomme, George Laurence. 1892. Ethnology in Folklore. (Modern Science ; 4). London : Kegan Paul, Trench, Trübner & Co.

＊ Hamy, Ernest-Thèodore. 1899. Les géophages du Tonkin. Bulletin du Muséum d'Histoire Naturelle, 5: 64–66.

＊ 原毅彦 1987「オトマク」石川栄吉ほか（編）『文化人類学事典』：121–122. 東京：弘文堂.

＊ Heusinger, Carl Friedrich. 1852. Die sogenannte Geophagie oder Tropische (besser: Malaria-) Chlorose. Cassel: H. Hotop.

＊ 陽捷行 2011「アースイーター」『北里大学学長室通信　情報：農と環境と医療』61: 9–12, 62: 22–26, 64: 13–19.

＊ Hooper, David & Harold H. Mann. 1906. Earth-Eating and the Earth-Eating Habit in India. Memoirs of the Asiatic Society of Bengal, 1(12): 249–270.

＊ von Humboldt, Alexander. 1808a. Ansichten der Natur, 1. Bd. Tübingen: J. G. Cotta.（部分訳は木村直司編訳『フンボルト 自然の諸相：熱帯自然の絵画的記述』ちくま学芸文庫、東京：筑摩書房、2012年）
＊ ———. 1808b. Tableaux de la nature, tome 1. Paris: F. Schoell.
＊ ———. 1809. Sur les peuples qui mangent de la terre. Annales des voyages, 2: 248–254.
＊ ———. 1814–25. Relation historique du Voyage aux Régions équinoxiales du Nouveau Continent, 3 tomes. Paris: N. Maze.（抄訳はヴァイグル、エンゲルハルト編『アレクサンダー・フォン・フンボルト 新大陸赤道地方紀行』全３巻、17・18世紀大旅行記叢書；第II期9–11、大野英二郎／荒木善太訳、東京：岩波書店、2001–03年）
＊ Hutton, John Henry. 1921. The Angami Nagas. London: Macmillan.
＊ 池上隆祐（編）[1932] 1978『石』東京：木耳社.
＊ Kirchhoff, Paul. 1948. The Otomac. In: Steward, Julian H. (ed.), The Circum-Caribbean Tribes. (Handbook of South American Indians; Vol. 4 = Smithsonian Institution, Bureau of American Ethnology, Bulletin; 143): 439–444. Washington D. C.: United States Government Printing Office.
＊ 木内石亭 [1773–1801] 1969『雲根志』今井功（訳注解説）東京：築地書館.
＊ 久馬一剛2010『土の科学：いのちを育むパワーの秘密』（PHPサイエンス・ワールド新書；24）東京：ＰＨＰ研究所.
＊ Labillardière, Jacques-Julien. 1800. Voyage in Search of La Pérouse, Vol. 2. London: John Stockdale.
＊ Lasch, Richard. 1898. Ueber Geophagie. Mitteilungen der Anthropologischen Gesellschaft in Wien, 28: 214–222.
＊ ———. 1900. Weitere Beiträge zur Kenntnis der Geophagie. Mitteilungen der Anthropologischen Gesellschaft in Wien, 30: (181)–(183).
＊ ———. 1908. Der Eid. Seine Entstehung und Beziehung zu Glaube und Brauch der Naturvölker. (Studien und Forschungen zur Menschen- und Völkerkunde; Bd. 5). Stuttgart: Strecker und Schröder.
＊ Laufer, Berthold. 1930. Geophagy. (Field Museum of Natural History, Publication; 280 = Anthropological Series; Vol. 18, No. 2). Chicago: Field Museum of Natural History.（部分訳はラウファー「GEOPHAGY：中国における土食について」加部勇一郎訳、『饕餮』17: 22–50、2009年）
＊ Martin, Karl. 1894. Reisen in den Molukken, in Ambon, den Uliassern, Seran (Ceram) und Buru. Leiden: E. J. Brill.
＊ Mills, James Philip. 1922. The Lhota Nagas. London: Macmillan.
＊ 宮城県教育会（編）1933『郷土の伝承』第２輯、仙台：宮城県教育会.

引用文献

＊ 大林太良 [1977] 1985「インドネシアにおける神判の諸形態」『シンガ・マンガラジャの構造』: 271–289. 青土社.

＊ Riedel, Johannes Gerard Friedrich. 1886a. De sluik- en kroesharige rassen tusschen Selebes en Papua. 's-Gravenhage: Martinus Nijhoff.

＊ ————. 1886b. The Island of Flores or Pulau Bunga: The Tribes between Sika & Manggaraai. Revue Coloniale Internationale, 1: 66–71.

＊ ————. 1887. Die Landschaft Dawan oder West-Timor. Deutsche Geographische Blätter, 10: 278–287.

＊ Ruhlen, Merritt. 1991. A Guide to the World's Languages, Vol. 1: Classification. With a Postscript on Recent Developments. Stanford, California: Stanford University Press.

＊ Rutter, Owen. 1929. The Pagans of North Borneo. London: Hutchinson & Co.

＊ Scott, James George & J. P. Hardiman. 1900. Gazetteer of Upper Burma and the Shan States, Pt. I, Vol. 1. Rangoon: Superintendent of Government Printing and Stationery.

＊ 柴田鳩翁 [1835–39] 1970『鳩翁道話』(東洋文庫；154)柴田実(校訂)東京：平凡社.

＊ von Siebold, Heinrich. 1881. Ethnologische Studien über die Aino auf der Insel Yesso. (Zeitschrift für Ethnologie, Supplement zu Bd. 13). Berlin: Paul Parey. (邦訳は『小シーボルト蝦夷見聞記』東洋文庫597、原田信男／ハラルド・スパンシチ／ヨーゼフ・クライナー訳注、東京：平凡社、1996年)

＊ Stahl, Günther. 1931. Die Geophagie. Mit besonderer Berücksichtigung von Südamerika. Zeitschrift für Ethnologie, 63: 346–374.

＊ 杉岡幸徳 2009『世界奇食大全』(文春新書；704)東京：文芸春秋.

＊ 角南聡一郎 2007「墓標を削る願掛け：奈良県吉野郡川上村白屋地区の事例より」『元興寺文化財研究所研究報告』2006: 11–20.

＊ ——— 2008「石像を削る願掛け:神仏像に残る祈願習俗の痕跡」『元興寺文化財研究所研究報告』2007:51–60.

＊ ———— 2014「仁吉の勝々石：墓標を削る習俗」『西郊民俗』226: 1–4.

＊ Thurston, Edgar. 1912. Omens and Superstitions of Southern India. New York: McBride, Nast & Co.

＊ 筒木潔／北野睦子／Ian A. Navarrete. 2009「北海道の食土に関する予備的研究」『日本土壌肥料学会講演要旨集』55: 255.

＊ 筒木潔／堤さやか／北野睦子 2010「北海道の食土に関する研究」『日本土壌肥料学会講演要旨集』56: 243.

＊ Veenhuijzen, A. C. 1903. Aanteekeningen omtrent Bolaäng-Mongondo. Tijdschrift van het Koninklijk Nederlandsch Aardrijkskundig Genootschap, 20: 35–74.

＊ Veth, Pieter Johannes. 1912. Ethnographie. (Java. Geographisch, ethnologisch, historisch, 2. druk, 4e deel). Haarlem: de erven F. Bohn.

＊ 山田仁史 1995–96「盟神探湯・湯起請・鉄火：日本における神判の系譜」『東アジアの古代文化』85: 115–136, 86: 75–92, 87: 131–145.
＊ ——— 2010「盟神探湯の源流再考」『国史談話会雑誌』50: 265–287.
＊ Young, Sera L. 2011. Craving Earth: Understanding Pica: The Urge to eat Clay, Starch, Ice, and Chalk. New York: Columbia University Press.
＊ 遊佐東庵 [1826] 1935「救饑製食方集書」小野武夫（編）『日本近世饑饉志』：371–385. 東京：学芸社.

第四章　カニバリズムを追う

＊ Abler, Thomas S. 1980. Iroquois Cannibalism: Fact not Fiction. Ethnohistory, 27(4): 309–316.
＊ Andree, Richard. 1887. Die Anthropophagie. Eine ethnographische Studie. Leipzig: Verlag von Veit & Comp.
＊ Arens, William. 1979. The Man-Eating Myth: Anthropology and Anthropophagy. Oxford: Oxford University Press.（邦訳はアレンズ、W『人喰いの神話——人類学とカニバリズム』折島正司訳、東京：岩波書店、1982年）
＊ ———. 1998. Rethinking Anthropophagy. In: Barker, Francis, Peter Hulme & Margaret Iversen (eds.), Cannibalism and the Colonial World. (Cultural Margins): 39–62, 262–265. Cambridge: Cambridge University Press.
＊ Avramescu, Cătălin. [2003] 2009. An Intellectual History of Cannibalism. Translated by Alistair Ian Blyth. Princeton: Princeton University Press.
＊ Brady, Ivan. 1996. Cannibalism. In: Levinson, David & Melvin Ember (eds.), Encyclopedia of Cultural Anthropology, Vol. 1: 163–167. New York: Henry Holt & Co.
＊ Brown, Paula & Beth A. Conklin. 2005. Cannibalism. In: Jones, Lindsay (ed.), Encyclopedia of Religion, 2nd ed., Vol. 3: 1402–1405. Detroit: Thomson Gale.
＊ Diamond, Jared M. 2000. Talk of Cannibalism. Nature, 407: 25–26.
＊ Forster, Georg. [1778–80] 1983. Reise um die Welt. Hrsg. von Gerhard Steiner. (insel taschenbuch; 757). Frankfurt a.M.: Insel Verlag.（邦訳はフォルスター、ゲオルク『世界周航記』上下、17・18世紀大旅行記叢書、第II期７・８巻、三島憲一／山本尤訳、東京：岩波書店、2002–03年）
＊ Forsyth, Donald W. 1983. The Beginnings of Brazilian Anthropology: Jesuits and Tupinamba Cannibalism. Journal of Anthropological Research, 39(1): 147–178.
＊ ———. 1985. Three Cheers for Hans Staden: The Case for Brazilian Cannibalism. Ethnohistory, 32(1): 17–36.
＊ Guille-Escuret, Georges. 2010. Proies et captifs en Afrique. (Sociologie comparée du

cannibalisme; 1). Paris: Presses Universitaires de France.
* ———. 2012a. La consommation d'autrui en Asie et en Océanie. (Sociologie comparée du cannibalisme; 2). Paris: Presses Universitaires de France.
* ———. 2012b. Les mangeurs d'autres. Civilisation et cannibalisme. (Cahiers de L'Homme; 41). Paris: Éditions de l'École des hautes études en sciences sociales.
* ———. 2013. Ennemis intimes et absorptions équivoques en Amérique. (Sociologie comparée du cannibalisme; 3). Paris: Presses Universitaires de France.
* Haberberger, Simon. 2007. Kolonialismus und Kannibalismus. Fälle aus Deutsch-Neuguinea und Britisch-Neuguinea 1884–1914. (Quellen und Forschungen zur Südsee; Reihe B: Forschungen; 3). Wiesbaden: Harrassowitz Verlag.
* Harris, Marvin. [1977] 1991. Cannibals and Kings: The Origins of Cultures. New York: Vintage Books.（邦訳はハリス、マーヴィン『ヒトはなぜヒトを食べたか――生態人類学から見た文化の起源』改版、ハヤカワ・ノンフィクション文庫、鈴木洋一訳、東京：早川書房、2009年）
* ———. [1985] 1998. Good to Eat: Riddles of Food and Culture. Long Grove, Illinois: Waveland Press.（邦訳はハリス、マーヴィン『食と文化の謎』岩波現代文庫、板橋作美訳、東京：岩波書店、2001年）
* Heine-Geldern, Robert. 1923. Südostasien. In: Buschan, Georg (Hrsg.), Illustrierte Völkerkunde, II: 689–968, 990–1004. Stuttgart: Strecker und Schröder.（邦訳はハイネ＝ゲルデルン『東南アジアの民族と文化』小堀甚二訳、東京：聖紀書房、1942年）
* 弘末雅士 1999「ヨーロッパ人の調査活動と介在者の『食人』文化の創造」『史苑』60(1): 84–100.
* ——— 2004『東南アジアの港市世界――地域社会の形成と世界秩序』(世界歴史選書)東京：岩波書店.
* ——— 2014『人喰いの社会史――カンニバリズムの語りと異文化共存』東京：山川出版社.
* 穂積陳重 1915『隠居論』東京：有斐閣書房.
* 伊波普猷 [1938] 1973『をなり神の島』1（東洋文庫；227)東京：平凡社.
* 飯島吉晴 1984「骨こぶり習俗」『日本民俗学』154: 6–14.
* 井之口章次 1985「骨かみについて」『日本民俗学』157–158: 44–45.
* 金田久璋 2007『あどうがたり――若狭と越前の民俗世界』福井：福井新聞社.
* 礫川全次(編) 1997『人喰いの民俗学』(歴史民俗学資料叢書；2)東京：批評社.
* 国分直一 1970『日本民族文化の研究』(考古民俗叢書；7)東京：慶友社.
* ——— 1976『環シナ海民族文化考』(考古民俗叢書；15)東京：慶友社.
* 近藤雅樹 2012「現代日本の食屍習俗について」『国立民族学博物館研究報告』36(3): 395–407.
* 桑原隲蔵 [1924] 1968「支那人間に於ける食人肉の風習」『桑原隲蔵全集』2: 153–205. 東京：岩波書店.

＊ de Léry, Jean. 1578. Histoire d'un voyage faict en la terre du Bresil, autrement dite Amerique. Genève.（邦訳はド・レリー、ジャン『ブラジル旅行記』二宮敬訳・注、『フランスとアメリカ大陸』第２冊、大航海時代叢書、第２期20巻: 3–365、東京：岩波書店、1987年）
＊ Lindenbaum, Shirley. 1979. Kuru Society: Disease and Danger in the New Guinea Highlands. (Explorations in World Ethnology). Palo Alto, California: Mayfield Publishing.
＊ ————. 2004. Thinking about Cannibalism. Annual Review of Anthropology, 33: 475–498.
＊ マリナー、ブライアン [1992] 1993『カニバリズム――最後のタブー』平石律子(訳)東京：青弓社.
＊ Minakata, Kumagusu. [1903] 1975. The Traces of Cannibalism in the Japanese Records. Collated and edited by Shinobu Iwamura.『日記・年譜・著述目録・総索引』(南方熊楠全集；別巻第２)：243–250. 東京：平凡社.（邦訳は「日本の記録にみえる食人の痕跡」松居竜五訳・解説、飯倉照平監修『南方熊楠英文論考：[ネイチャー]誌篇』：279–297、東京：集英社、2005年）
＊ モネスティエ、マルタン [2000] 2001『図説 食人全書』大塚宏子(訳)東京：原書房.
＊ モンテーニュ 1965–67『エセー』全６巻(岩波文庫)原二郎(訳)東京：岩波書店.
＊ モース [1879] 1983『大森貝塚　付関連史料』(岩波文庫)近藤義郎／佐原真(編訳)東京：岩波書店.
＊ Myscofski, Carole A. 2007–08. Imagining Cannibals: European Encounters with Native Brazilian Women. History of Religions, 47(2–3): 142–155.
＊ Obeyesekere, Gananath. 2005. Cannibal Talk: The Man-Eating-Myth and Human Sacrifice in the South Seas. Berkeley: University of California Press.
＊ 斧原孝守 2007「中国西南少数民族の食屍伝承――東アジアの族内食人俗との関連」『説話・伝承学』15: 92–108.
＊ 折口信夫 [1952] 1976「民族史観における他界観念」『民俗学篇』2（中公文庫 折口信夫全集；16）：309–366. 東京：中央公論社.
＊ Peter-Röcher, Heidi. 1998. Mythos Menschenfresser. Ein Blick in die Kochtöpfe der Kannibalen. (Beck'sche Reihe; 1262). München: C. H. Beck.
＊ ポーロ、マルコ 2000『完訳 東方見聞記』全２冊(平凡社ライブラリー;326･327)愛宕松男(訳)東京：平凡社.
＊ Sanday, Peggy Reeves. 1986. Divine Hunger: Cannibalism as a Cultural System. Cambridge: Cambridge University Press.（邦訳はサンデイ、ペギー・リーヴズ『聖なる飢餓――カニバリズムの文化人類学』中山元訳、東京：青弓社、1995年）
＊ 篠田八郎 1968『喰人族の世界』東京：大陸書房.
＊ Spiel, Christian. [1972] 1974. Menschen essen Menschen. Die Welt der Kannibalen. Überarbeitete Ausg. Frankfurt a.M.: Fischer Taschenbuch Verlag.（邦訳はシュピール、クリスチアン『食人の世界史』関楠生訳、東京：講談社、1974年）

＊ Staden, Hans. 1557. Wahrhaftige Historia und Beschreibung einer Landschaft der wilden, nackten, grimmigen Menschenfresser, in der Neuen Welt Amerika gelegen. Marburg.（ポルトガル語からの重訳は『蛮界抑留記――原始ブラジル漂流記録』西原亨訳、東京：帝国書院、1961年）

＊ Stein, Rebecca L. & Philip L. Stein. 2011. The Anthropology of Religion, Magic, and Witchcraft, 3rd ed. Boston: Prentice Hall.

＊ Steinmetz, Sebald Rudolf. [1895] 1928. Endokannibalismus. In: Gesammelte kleinere Schriften zur Ethnologie und Soziologie, I: 132–271. Groningen: P. Noordhoff.

＊ 鈴木高史 2009「日本国内における食人研究」東海大学文学部考古学研究室（編）『日々の考古学』2: 335–348. 東京：六一書房.

＊ 田代安定 1890「沖縄県八重山列島見聞余録」『東京人類学会雑誌』52: 308–315.

＊ 寺石正路 1888「食人風習ニ就テ述ブ」『東京人類学会雑誌』34: 78–90.

＊ ―――― 1915『食人風俗志』東京：東京堂書店.

＊ Thevet, André. 1557. Les Singularitez de la France Antarctique, autrement nommée Amerique, & de plusieurs Terres & Isles decouvertes de notre temps. Paris.（邦訳はテヴェ、アンドレ『南極フランス異聞』山本顕一訳・注、『フランスとアメリカ大陸』第１冊、大航海時代叢書、第２期19巻: 157–501、東京：岩波書店、1982年）

＊ Traphagan, John W. 2008. Embodiment, Ritual Incorporation, and Cannibalism among the Iroquoians after 1300 c.e. Journal of Ritual Studies, 22(2): 1–12.

＊ Villeneuve, Roland. [1965] 1973. Le cannibalisme: Mesures et démesures de l'anthropophagie. (Bibliothèque Marabout; 426). Verviers, Belgique: Editions Gérard.

＊ ヴィヴェイロス・デ・カストロ、エドゥアルド [1992] 2015『インディオの気まぐれな魂』（叢書 人類学の転回）近藤宏／里見龍樹（訳）東京：水声社.

＊ Volhard, Ewald. 1939. Kannibalismus. (Studien zur Kulturkunde; 5). Stuttgart: Strecker und Schröder.

＊ 吉岡郁夫 1989『身体の文化人類学――身体変工と食人』東京：雄山閣.

＊ ―――― 1992「医療としての食人――日本と中国の比較」『比較民俗研究』5: 22–35.

＊ Zerries, Otto. 1960. El endocanibalismo en la América del Sur. Revista do Museu Paulista, n. s., 12: 125–175.

第五章　世界宗教における食

＊ Andree, Richard. 1878. Speiseverbote. In: Ethnographische Parallelen und Vergleiche: 114–127. Stuttgart: Verlag von Julius Maier.

＊ Birlinger, Anton. 1861–62. Volksthümliches aus Schwaben, 2 Bde. Freiburg i. Br.: Herder.

＊ ダグラス、メアリ [1966] 2009『汚穢(けがれ)と禁忌』(ちくま学芸文庫)塚本利明(訳)東京：筑摩書房.
＊ Dunand, Françoise. 2016. [Compte rendu] Youri Volokhine, Le porc en Égypte ancienne: mythes et histoire à l'origine des interdits alimentaires, 2014. Revue de l'histoire des religions, 233(1): 109–112.
＊ ファーブル＝ヴァサス、クロディーヌ [1994] 2000『豚の文化誌：ユダヤ人とキリスト教徒』(叢書ラウルス)宇京賴三(訳)東京：柏書房.
＊ Friedlander, Michal & Cilly Kugelmann (Hrsg.) 2009. Koscher & Co. Über Essen und Religion. Berlin: Jüdisches Museum.
＊ 井筒俊彦(訳) 1964『コーラン』改版、上中下(岩波文庫)東京：岩波書店.
＊ Jha, Dwijendra Narayan. 2002. The Myth of the Holy Cow. London: Verso.
＊ 片多順 1983「インドの『聖なる牛』論争について」江淵一公／伊藤亜人(編)『儀礼と象徴：文化人類学的考察　吉田禎吾教授還暦記念論文集』: 229–244. 福岡：九州大学出版会.
＊ 川島貞雄 2016『聖書における食物規定：イエスを中心として』教文館.
＊ Schmidt-Leukel, Perry (Hrsg.) 2000. Die Religionen und das Essen. Kreuzlingen: Diederichs.
＊ Schurtz, Heinrich. 1893. Die Speiseverbote. (Sammlung gemeinverständlicher wissenschaftlicher Vorträge; Heft 184). Hamburg: Verlagsanstalt und Druckerei.
＊ 菅瀬晶子 2016「イスラエル・ガリラヤ地方のアラブ人市民にみられる豚肉食の現在：キリスト教徒とムスリム、ユダヤ教徒の相互的影響」『国立民族学博物館研究報告』40(4): 619–652.
＊ 鈴木佳秀(訳) 2001「申命記」山我哲雄／鈴木佳秀(訳)『民数記　申命記』(旧約聖書；III): 241–421. 東京：岩波書店.
＊ 高野秀行 [2011] 2014『イスラム飲酒紀行』(講談社文庫)東京：講談社.
＊ 山我哲雄(訳) 2000「レビ記」木幡藤子／山我哲雄(訳)『出エジプト記　レビ記』(旧訳聖書；II): 217–391. 東京：岩波書店.